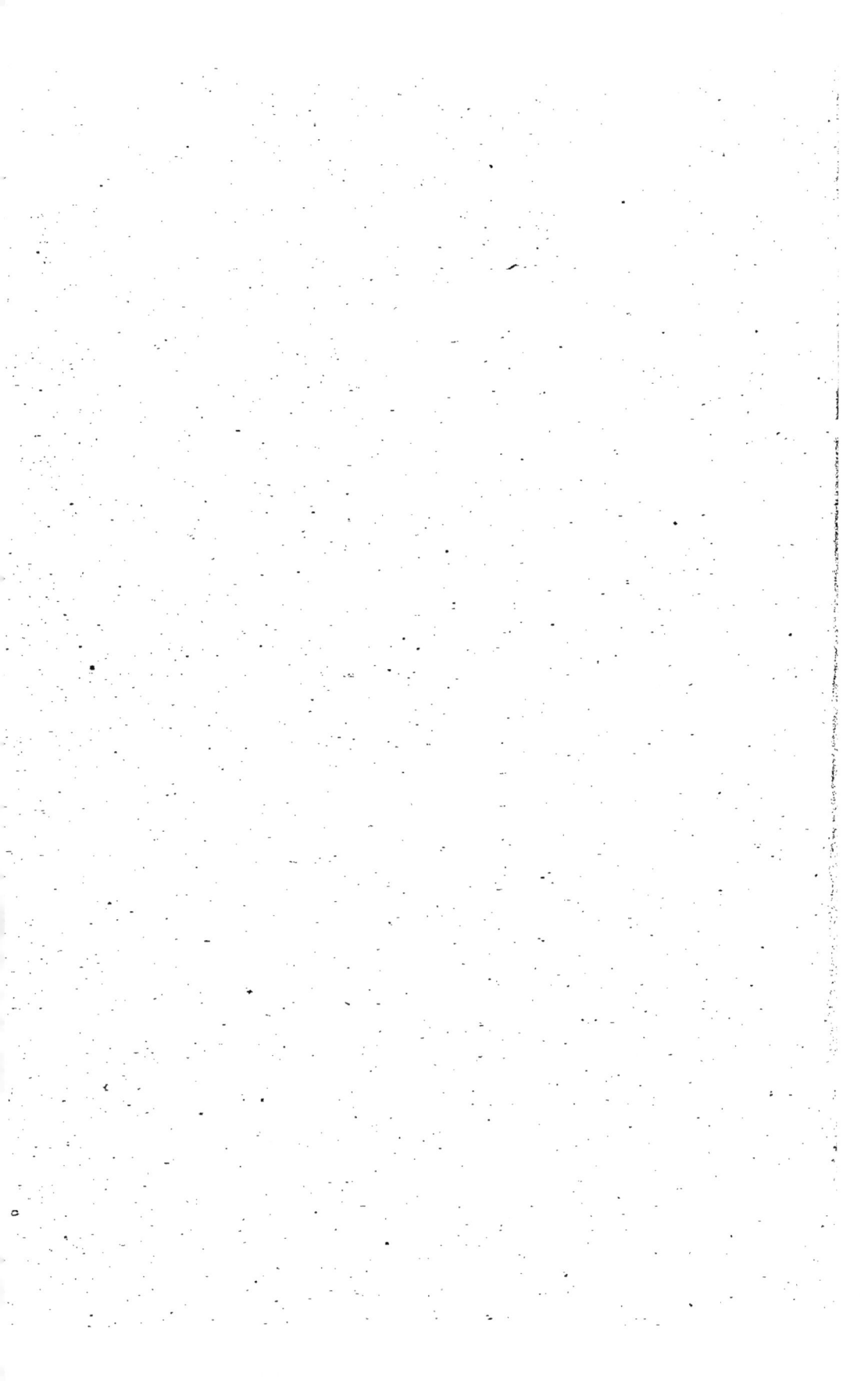

UNIVERSITÉ DE PARIS — FACULTÉ DE DROIT

ÉTUDE CRITIQUE

SUR

LA THÉORIE DE LA CAUSE

THÈSE POUR LE DOCTORAT

PAR

Styl. P. SEFERIADÈS

Avocat

Lauréat de la Faculté de droit d'Aix

(1892. 2ᵉ prix de droit rom. — 1894. 1ᵉʳ prix de dr. commerc. — 2ᵉ prix de dr. civil).

PARIS

LIBRAIRIE NOUVELLE DE DROIT & DE JURISPRUDENCE

ARTHUR ROUSSEAU

ÉDITEUR

14, rue Soufflot et rue Toullier, 13

1897

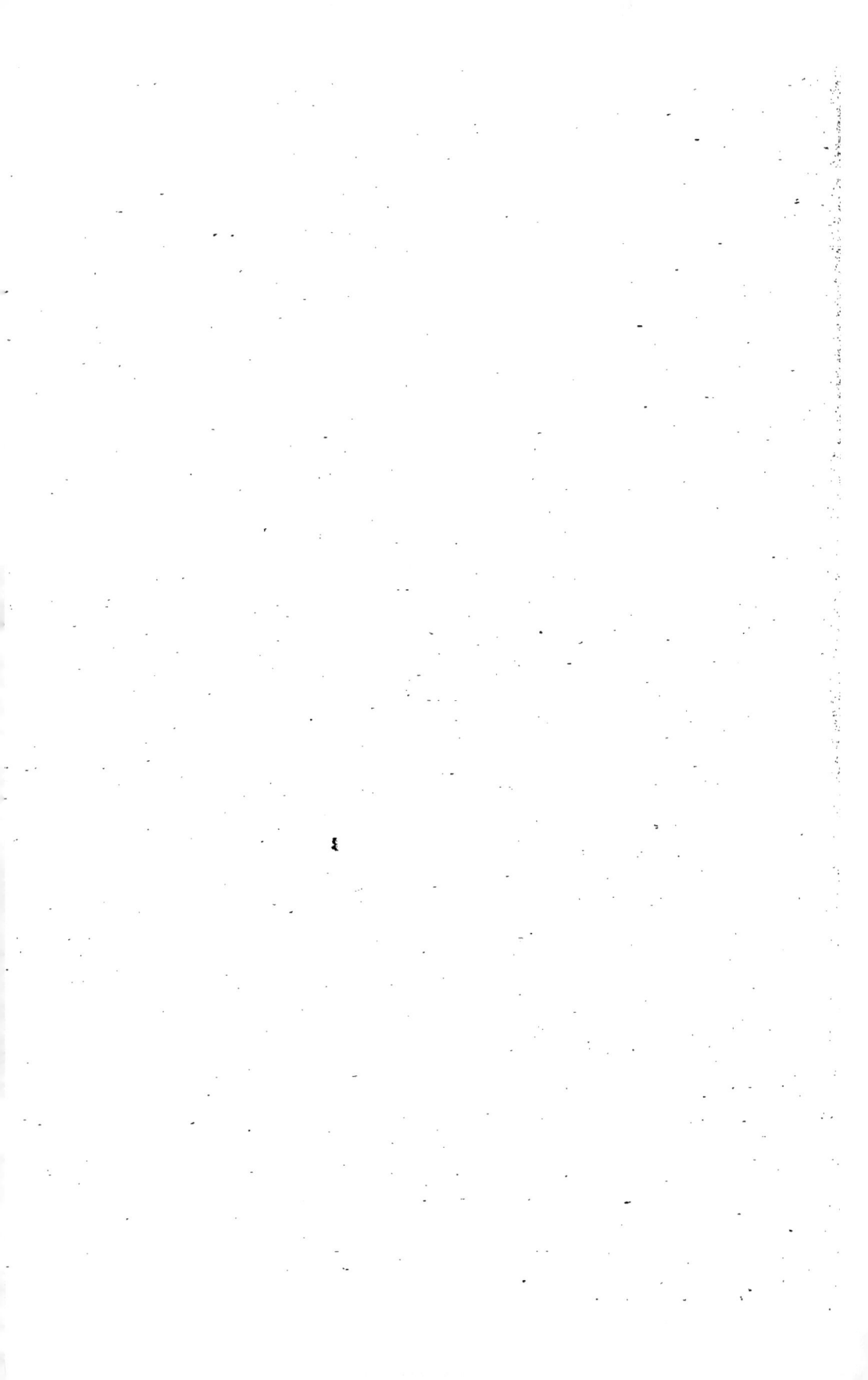

THÈSE

LE DOCTORAT

UNIVERSITÉ DE PARIS — FACULTÉ DE DROIT

ÉTUDE CRITIQUE

SUR

LA THÉORIE DE LA CAUSE

THÈSE POUR LE DOCTORAT

L'ACTE PUBLIC SUR LES MATIÈRES CI-APRÈS

Sera soutenu le mardi 23 février 1897, à une heure

PAR

Styl. P. SEFERIADÈS

Avocat

Lauréat de la Faculté de droit d'Aix

(1892. 2ᵉ prix de droit rom. — 1894. 1ᵉʳ prix de dr. commerc. — 2ᵉ prix de dr. civil.

Président : M. LEON MICHEL.

Suffragants : { MM. MASSIGLI, *professeur.*
SALEILLES, *agrégé.*

PARIS

LIBRAIRIE NOUVELLE DE DROIT & DE JURISPRUDENCE

ARTHUR ROUSSEAU

ÉDITEUR

14, rue Soufflot et rue Toullier, 13

1897

CHAPITRE I

« Desinit in piscem mulier formosa superne ».
HORACE.

Le principe de la causalité, a-t-on pu dire non sans raison, fut de tout temps un principe inné à l'intelligence de l'homme.

La théorie de la cause passionna, en effet, les penseurs et les philosophes.

Aristote, le premier, arrive à distinguer la cause en quatre espèces : les causes matérielle, formelle, motrice, et finale.

C'est l'élément, la matière première, qui forme la cause matérielle, elle prend quelquefois le nom d'efficiente, et c'est cette même espèce de cause que Malebranche appelle occasionnelle, lorsqu'elle consiste dans un phénomène, dont l'apparition ne produit pas directement un effet.

L'agent, par exemple, la main qui fait la statue, c'est la cause motrice.

La cause formelle, c'est l'idée qui donne la forme.

C'est dans le but poursuivi que consiste la cause finale.

Cette doctrine du fondateur de la secte des péripatéticiens, développée au XVIᵉ siècle par Ramus, et adoptée par plusieurs philosophes surtout en Allemagne, reçut au moyen-âge, une importance cabalistique et ridicule. Toutes les sciences et surtout les sciences abstraites, devaient être et elles furent envahies. Les jurisconsultes ne restèrent pas étrangers à ce mouvement, et nous voyons le toulousain Jean Bellon, prendre volontiers des exemples, parmi les textes du Digeste, pour expliquer la cause finale.

Ce n'est pas une étude critique, de la théorie de Ramus et de Bellon, que j'ai l'intention de faire dans les pages qui vont suivre ; c'est aux philosophes modernes qu'appartient la tâche de détruire ou de restaurer les monuments élevés par leurs confrères d'antan (1).

Je me contenterai d'examiner le rôle que la théorie de la cause peut jouer pour la formation de toute convention. J'examinerai les raisons qui l'ont fait admettre dans le plus célèbre des codes modernes, comme condition indispensable à l'existence même des contrats, et je concluerai en faveur de son inutilité ou de son maintien, après avoir examiné les épreuves, qu'une application presque centenaire nous a fournies jusqu'à présent.

Et d'abord, quelle est en droit la signification du mot

1. V. Berriat-Saint-Prix, *Hist. du Dr. rom.*, p. 316 ; Bacl, *Hist. du Dr. p.*, 709.

cause? Nos premiers pas se heurtent dès à présent à l'impossibilité matérielle de donner à ce mot une définition propre et unique. De nombreux articles dans nos codes (1) l'emploient, en effet, à tort ou à raison, dans des sens absolument différents les uns des autres. Indiquer toutes ces significations, ce serait un travail à la fois futile et long ; ce que nous voulons seulement retenir de notre constatation, c'est que le mot cause en lui-même, offre déjà le flanc à la critique. Toute science doit avoir, en effet, des expressions fixes et précises, toute terminologie vague emportant avec elle des doutes et des indécisions, doit être redoutée et bannie.

C'est de la théorie de la cause comme élément essentiel à l'existence des conventions, que j'ai l'intention, comme je l'ai déjà dit, de parler.

On appelle convention ou contrat, tout accord de volontés, destiné à créer, à transférer ou à éteindre des droits.

Et tout d'abord, pour qu'un contrat puisse se former plusieurs conditions sont nécessaires.

Le Code civil dans son article 1108 en exige quatre : Quatre conditions, nous dit-il, sont essentielles pour la validité d'une convention : le consentement de la partie qui s'oblige, la capacité de contracter, un objet certain qui forme la matière de l'engagement, une cause licite dans l'obligation.

1. V. *C. civ.*, art. 5, 229, 230, 232 ; art. 1110, 1147, 1306, 545, etc.

Faire la critique de cet article, ce serait dépasser les limites que je me suis imposées ; une remarque est pourtant nécessaire. Tous les auteurs admettent qu'il n'y a que la capacité des parties contractantes, qui soit nécessaire pour la *validité* des conventions ; le consentement, l'objet et la cause, doivent être considérés comme des conditions essentielles à l'*existence* même des contrats.

Laissons donc de côté la capacité et analysons le rôle que joue, dans toute convention, le consentement, l'objet et la cause ; tâchons de voir si, au point de vue purement théorique, ces trois éléments de la formation des contrats ont une égale importance, s'ils sont insuffisants, ou si, tout au contraire, leur nombre peut être sans inconvénient réduit.

Supposons pour plus de clarté un contrat synallagmatique, c'est-à-dire un contrat, dans lequel « les contractants s'obligent réciproquement les uns envers les autres (1) ». Dans toute convention pareille deux objets doivent nécessairement exister ; chacun d'eux formera l'objet de deux engagements, que le contrat a pour effet d'engendrer. L'objet de tout engagement est un fait négatif ou positif, ou une dation. Une obligation sans objet n'en serait pas une ; ce serait un état normal et régulier ; lorsqu'on n'est obligé, ni à donner ni à ne pas donner, ni à faire ni à ne pas faire, on n'est obligé à rien du tout.

1. Art. 1102.

Mais si un ou plusieurs objets sont nécessaires pour la formation de toute convention, à eux seuls, ils ne sont points suffisants. Pour qu'un contrat se forme, un accord de volontés entre les parties contractantes doit avoir lieu. Cet accord de volontés s'appelle consentement. Le consentement est forcément et toujours un acte bilatéral. C'est la pollicitation et l'acceptation qui lui donnent la vie.

Le consentement, avons-nous dit, est un accord de volontés ; mais la volonté ne consiste point dans les paroles prononcées, qui peuvent être le résultat d'un mouvement des lèvres, forcé, inconscient ou nerveux ; la volonté est la puissance de l'âme par laquelle on veut ; l'homme atteint d'une faiblesse cérébrale, ou en état d'ivresse, pendant une fièvre ou en dormant, est dans l'impossibilité de vouloir, et par suite, il ne peut consentir. Les paroles prononcées, ou les écrits signés, ne sont que des moyens de preuve, de l'état d'âme qui a la puissance de vouloir, et qui veut.

A côté du consentement et de l'objet, les auteurs ajoutent la cause, comme troisième et indispensable condition pour la formation des contrats.

Qu'est-ce donc que la cause ?

Essayer de définir cette notion, la distinguer des motifs, l'examiner au point de vue purement théorique, voir si tout le monde l'accepte comme une condition essentielle à l'existence des conventions, formuler enfin l'avis que nous allons soutenir dans les pages qui vont suivre, telles seront les questions, qui feront l'objet de cette partie de notre travail.

La cause consiste dans le but poursuivi; c'est le motif déterminant qui pousse la partie à contracter. En effet, comme toute autre action provenant d'une personne jouissant de toutes ses facultés mentales, toute convention a ses raisons d'être. Convenir sans motif, sans but, sans raison, ce serait un acte d'imbécillité, ce serait agir sans discernement, et l'âme qui agit ainsi, ne peut ni vouloir, ni consentir.

Mais cet état de choses n'est point un état normal et régulier, le consentement est en effet, le plus souvent, le résultat d'une volonté saine, ayant ses raisons d'être, ses motifs impulsifs et déterminants. Toutes ces raisons, nombreuses ordinairement, l'une dérivant de l'autre, précèdent inévitablement l'action même; pour être obligé il faut consentir, pour consentir il faut vouloir, pour vouloir, il faut des raisons. Ce ne sont pas là des faits simultanés, mais consécutifs, et subordonnés les uns aux autres.

Pour prouver la filiation de mon raisonnement, un exemple me paraît nécessaire. Prenons un contrat synallagmatique : la vente d'un cheval. Pour comprendre la formation de ce contrat, nous devons le décomposer. Et tout d'abord, comment peut-on définir la vente? L'art. 1582 nous répond : « La vente est une convention par laquelle l'un s'oblige à livrer une chose, et l'autre à la payer. »

La vente est donc une convention, avant de convenir j'ai consenti, pour consentir j'ai voulu, pour vouloir j'avais mes raisons. Mais les raisons de ma volonté de contracter peuvent être multiples, la dernière qui a dû précéder mon consentement à la convention, qui donnait naissance à l'obligation de payer le prix, c'était la pensée que le vendeur lui-même contracterait, et par suite s'obligeait à livrer le cheval. Mais cette raison n'a été que la conséquence du besoin que j'avais des travaux de la bête achetée, et j'avais besoin de ses travaux, parce que mon ancien cheval était mort. Eh bien, parmi ces différentes raisons, la première ou la dernière, suivant que nous analysons ou nous synthétisons le contrat, mais toujours celle qui est la plus rapprochée du consentement, prend le nom de *cause*, aux autres on attribue le nom de motifs. La cause comme les motifs sont donc des éléments intrinsèques de la formation des contrats, ils interviennent avant tous ses autres éléments, avant le consentement lui-même, dont ils sont les faits générateurs.

L'analyse purement théorique de la formation des conventions, nous a donc amené à constater, en outre des parties contractantes, quatre éléments dans la formation de tout contrat : 1° L'objet, *id quod debetur* ; 2° le consentement ; 3° la cause, et 4° les motifs. Mon esprit se refuse à comprendre en pure théorie, une convention saine, sans objet, sans motifs, sans cause, sans consentement.

Mais, s'il nous est impossible de réduire ces quatre conditions nécessaires pour l'intelligence de toute convention, ne pouvons-nous pas tout au moins, en les combinant, les ramener à un nombre moins élevé? Je crois que la réponse à ma question doit être affirmative. Et d'abord pourquoi distinguer la raison la plus proche pour lui donner la qualification de cause, et les raisons les plus éloignées, pour leur attribuer le nom de motifs? Les unes aussi bien que les autres n'ont-elles pas exercé une pression égale sur ma volonté, qui sans l'une d'elles n'aurait peut-être pas consenti ? Pourquoi, puisqu'on attribue le nom de cause au motif le plus rapproché du consentement, n'attribuerait-on pas un autre nom spécial au motif qui viendrait immédiatement après, et ainsi de suite? C'est qu'il y aurait là des distinctions vagues, dénuées de toute importance même théorique ; eh bien, cette raison qui nous empêche de donner des qualifications spéciales aux différents motifs d'une obligation, n'est-elle pas suffisante, pour nous engager à confondre avec leur masse commune la cause elle-même ? Je ne vois pas pourquoi il n'en serait pas ainsi! Et puis, en prenant une législation quelconque d'un certain développement, une législation dans laquelle, les règles sur le consentement et ses vices, soient arrivées à la perfection des législations modernes, ne pourrait-on pas se demander, à quoi la théorie de la cause pourrait bien servir, puisque toutes les fois que le consentement existe, la cause a dû sûrement le précéder ?

Le rapport étroit qui existe entre le consentement et la cause, je ne suis pas le premier à le constater. M. Colmet de Santerre (1) n'hésite point à nous dire que « l'art. 1131 se rattache à la théorie du consentement ». « Qui dit cause, — dit M. Brissaud (2), dans sa thèse de doctorat, ayant obtenu le prix municipal de la ville de Bordeaux en 1879, — dit volonté, les art. 1131-1133, deviennent alors des corollaires de l'art. 1134, en vertu duquel la volonté des contractants leur tient lieu de loi. La théorie de la cause se confond avec la théorie du consentement ». La jurisprudence elle-même a souvent remarqué ce lien, « la cause, nous dit la Cour de cassation, est un élément essentiel du consentement, sans lequel il ne peut être formé de contrat licite » (3).

La définition que nous avions donnée à la cause des conventions, n'est pas absolument identique à celle qu'ordinairement on lui donne. Cette critique ne saurait pourtant nous atteindre. En effet, depuis Pothier, jusqu'aux commentateurs les plus modernes et les plus autorisés du Code civil, personne n'a pu donner, jusqu'à présent, une définition nette et précise de cette notion. Tout le monde pose, mais personne ne

1. Demante et Colmet de Santerre, T. V, n° 47 bis.
2. Brissaud. *De la cause*, 1re partie, p. 15-16.
3. Dalloz, 48, I, 193.

résout la question. Dire en effet que la cause est le
motif déterminant, ou le but immédiat, ou la réponse
au pourquoi de notre obligation, c'est résoudre la
question par la question. Nous demandons ce que
c'est que la cause, et on nous répond : Répondez au
cur debetur et vous la trouverez. Ce sont là comme on
l'a fort bien dit, des procédés scolastiques, bons tout
au plus pour aider l'esprit des purs théoriciens, à
l'analyse des conventions et des contrats. Je me garderai bien du reste, de critiquer ici telle ou telle autre
définition ; il faudrait, en effet, pour être complet, passer en revue l'opinion de tous les civilistes modernes.
Comme les partisans de notre théorie, eux-mêmes,
l'ont fort bien dit, en effet, il y a sur la définition de la
cause autant d'avis que de jurisconsultes (1). On
peut pourtant résumer les explications de la majorité
des auteurs de la façon suivante :

Dans un contrat synallagmatique la cause de l'obligation de l'une des parties, consisterait dans l'obligation de l'autre ; les deux obligations se serviraient
ainsi de cause réciproque. Dans les contrats unilatéraux la cause serait, soit la prestation de la *res,* faite
par le créancier au débiteur, soit une intention libérale, si le contrat dont il s'agit est une donation. Si
tous les auteurs donnaient de la théorie de la cause
cette définition, qui nous paraît absolument positive,

---

1. Gauly. *Essai d'une définition de la cause dans les obligations. Revue
critique,* 1886, p. 44.

on ne se verrait pas obligé de consacrer de longues pages, à distinguer la cause et les motifs. Malheureusement, et en ce qui concerne uniquement les conventions synallagmatiques, même cette dernière définition est loin d'être d'une parfaite exactitude.

« Cette manière de voir, nous dit, en effet, M. Huc, ne supporte même pas l'examen ; il est d'abord rationnellement impossible de concevoir comment deux effets distincts, peuvent se servir réciproquement de cause, comme on prétend que cela se passe dans les contrats synallagmatiques. Ainsi on prend l'hypothèse d'un contrat de vente, et quoiqu'il ne soit pas possible de considérer comme séparées deux obligations, dont l'une par la volonté des contractants, ne peut pas exister sans l'autre dont elle est la contre-valeur, on a commencé par envisager la seule obligation du vendeur, comme si elle avait une sorte d'antériorité chronologique. On fait remarquer que si la chose vendue n'existait pas en réalité, l'obligation du vendeur est nulle faute d'objet ; que dès lors cette obligation n'a pu engendrer celle de l'acheteur, que par suite l'obligation de ce dernier n'a pu naître, et est nulle *faute de cause...*

Mais on oublie qu'on a posé, en principe, que les deux obligations se servaient *réciproquement* de cause ; donc l'obligation de l'acheteur n'ayant pu prendre naissance faute de cause, l'obligation du vendeur n'a pas pu davantage prendre naissance faute de cause... Comment donc peut-on dire que l'obligation du vendeur (qui n'existe pas, puisqu'elle n'a pas pu naître, est néanmoins nulle faute d'objet !... On se trouve ainsi engagé, surtout quand les deux obligations sont valables, dans un circulus sans issue, rappelant celui auquel donne lieu la question relative à l'antériorité de la poule et de l'œuf.

La vérité est que l'opération doit être envisagée dans son ensemble, parce que telle est la commune intention des parties qui doit faire la loi. Quand dans la vente l'objet du contrat fait défaut, l'opération est nulle et la nullité est la même, tant à l'égard de l'acheteur qu'à l'égard du vendeur ; elle dérive de l'absence d'objet, et jamais les Romains, pour justifier cette solution aussi simple, n'ont songé à introduire dans le débat cet élément inutile et d'ailleurs insaisissable de la cause finale (1). » Pomponius disait tout simplement : *nec emptio nec venditio sine re quæ veneat potest intelligi* (2).

Si j'ai cité tout entière cette page pleine de finesse de ce précieux jurisconsulte, c'est qu'elle démontre à merveille, pourquoi, en analysant la formation de tout contrat synallagmatique, j'ai défini la cause d'une convention de la façon suivante : la pensée de la partie qui contracte, et par suite s'oblige, que l'autre contracterait, et par suite s'obligerait aussi. Cette définition ne ressemble nullement comme on le voit bien, aux définitions des auteurs les plus autorisés ; si j'ai cru pouvoir la donner, c'est pour attribuer au moins, un inté-

1. Huc, *Dr. civ.*, t. 7, n° 77.
2. L. 8 pr. Dig. XVIII, I, *De contr. empt.*

rêt théorique à cette notion, car comme on le voit, le sens que les civilistes lui avaient donné, était loin de favoriser ce système. Non, on ne peut pas dire que la cause d'une obligation, dans un contrat synallagmatique, consiste dans la contre-obligation de la partie contractante ; nous avons là, en effet, deux faits simultanés, eh bien, l'un n'ayant pas eu un seul moment de vie antérieurement à l'autre, comment aurait-il pu lui servir de cause ? C'est au moins incompréhensible. Deux évènements simultanés ne peuvent jamais se servir réciproquement de cause et d'effet.

De tout ce qui précède, je crois pouvoir tirer deux conclusions suffisamment justifiées : 1° si au point de vue théorique toute convention doit avoir une cause telle du moins que nous l'avions définie, cette notion n'étant en somme qu'un des éléments du consentement, ne devrait en fait servir que pour expliquer ce dernier. Si, en second lieu, on voulait la définir comme on la définit communément, elle deviendrait incompréhensible même au point de vue théorique.

D'après l'opinion presqu'unanime des auteurs français, l'utilité de la théorie de la cause ne devrait pas faire l'ombre d'un doute. Et tout d'abord, ils sont tous à peu près d'accord pour admettre que, s'il n'y a que les fous qui puissent s'obliger sans cause, on peut fort bien supposer des personnes, possédant la plénitude de leurs facultés mentales, et pourtant s'obligeant en vertu d'une cause fausse, ce qui suffit pour annihiler dès le début leur obligation. Mais il y a plus. Le code ne se contente pas de déclarer, que « l'obligation sans cause ne peut avoir aucun effet », mais il frappe d'une nullité pareille, toute convention ayant pour base une cause illicite ; des textes latins ont été du reste invoqués, « au surplus, a-t-on dit, le terme *causa* est employé en droit romain dans un sens identique ou analogue à celui qui se trouve indiqué au texte (1) », et c'est aux titres « *de condictione sine causa ; de condictione causa data, causa non secuta ; de ob turpem vel injustam causam condictione* » que ces auteurs nous renvoient (2).

Jusqu'en 1826 ces raisons paraissaient concluantes, à cette époque à l'occasion de la question de révision du code belge, le savant professeur Ant. Ernst, dans un article très juridique et très concis (3), a cru devoir attaquer l'utilité de l'existence de la théorie de la cause. « Nous ne voyons pas, disait-il, la nécessité d'une cause dans aucune espèce de convention ; et lorsqu'on trouve cette nécessité, formellement consacrée dans l'exposé des principes généraux des conventions, n'est-il pas à craindre qu'en y mêlant des idées fausses, elle ne fasse naître la confusion, là où le seul secours de la raison eût été un guide plus sûr ? »

Cette opinion, fut un peu à la légère peut-être, vive-

1. V. Aubry et Rau, *Dr. civ.*, IV, n° 345, note 2.
2. V. Aubry et Rau, IV, n° 345, n. 2. Demolombe, t. XXIV, n° 333. Larombière, *Des obligations*, art. 1131, n° 1.
3. On peut trouver cet article comme appendice, dans l'excellente thèse de M. Timbal.

ment attaquée, surtout en Belgique ; à la même époque deux jurisconsultes étrangers crurent devoir la soutenir (1), et c'est tout ; le code civil n'a point été revisé, et cette discussion sur la théorie de la cause passa sans conséquences, inaperçue, et peut-être ignorée. Un demi-siècle plus tard, un autre jurisconsulte belge, le professeur Laurent, écrivait dans son traité de droit civil : « on peut contester l'exactitude de la théorie de la cause puisqu'elle se confond soit avec l'objet, soit avec la volonté de donner, il est peu juridique d'en faire une quatrième condition requise pour la validité des conventions. En effet, dès que les trois autres existent, il y a une cause, elle ne forme donc pas une condition distincte. » Cette opinion de Laurent a exercé, paraît-il, une influence décisive sur la législation belge. Le nouveau projet de révision de ce code l'abolit.

En France, la théorie de la cause n'a pas eu une existence si mouvementée. Acceptée sans dicussion par la doctrine tout entière, et appliquée, *un peu partout*, par la jurisprudence, elle ne fut, jusqu'en 1878, nullement attaquée. A cette époque un docteur de la faculté de Paris, aujourd'hui professeur à la faculté de droit de Rennes, condamnait, avec une entière conviction, dans sa thèse de doctorat, l'existence même de la théorie de la cause.

1. Van der Poll et Van Vulfften-Palthe. Voir dans *Catalogus plus quam 10.000 dissertationum el orationum defensarum el habitarum ab 1600 usque ad 1878, in academiis Neerlandiæ, Germaniæ, Sueviæ, etc.*, édité à Amsterdam en 1879, par Frédéric Müller.

« Elle présente, disait-il, à nos yeux, deux inconvénients.
Elle déroute l'esprit par l'annonce de résultats disproportionnés ; elle enveloppe d'abstraction et d'obscurité
des règles essentiellement pratiques, très claires. Il nous
semble qu'il n'y a pas plus lieu d'édifier une théorie
spéciale de la cause finale que de la cause efficiente.
Ce qu'on appelle cause finale, porte un nom concret
plus intelligible, et ne mérite pas de figurer comme un
élément *sui generis* des contrats. En un mot, nous
croyons qu'on pourrait supprimer la théorie de la cause,
telle qu'elle existe actuellement, sans supprimer aucune des règles du Code ;... »

En 1879, M. Brissaud, aujourd'hui professeur des
facultés de droit, présentait à Bordeaux, dans le même
sens, mais avec une certaine indécision, sa thèse de
doctorat.

Trois années plus tard, M. Timbal, aujourd'hui professeur à la faculté de Toulouse, soutenait devant cette
même faculté, une étude critique sur la théorie de la
cause, dans laquelle condamnant la doctrine universellement admise sur notre sujet, il se déclarait partisan
de la théorie d'Ernst.

Comme nous voyons jusqu'à présent, en France tout
au moins, on pouvait fort bien dire que la controverse
n'était pas encore née. Nous avions, en effet, d'un côté,
l'inexpérience et la jeunesse, et de l'autre l'unanimité
des jurisconsultes modernes ; mais un ouvrage publié

en 1894, et soutenant l'inutilité de la cause (1), doit, je le crois du moins, engager les partisans de cette notion, à chercher en sa faveur, des arguments un peu plus solides que ceux invoqués jusqu'à présent.

L'idée principale qui domine depuis longtemps mon esprit sur la théorie de la cause, et que je tâcherai de développer et de soutenir dans les pages qui vont suivre, peut se résumer en ceci : La théorie de la cause est absolument dépourvue d'intérêt pratique ; en effet, dès qu'une convention peut être déclarée nulle, pour cause fausse ou illicite, cette même convention porte en elle un second germe de mort inévitable, elle peut être annihilée pour une seconde raison juridique, qui sera, ou l'inexistence de l'objet, ou son caractère illicite ou le défaut de consentement. Pourquoi donc redoubler les causes de nullité, pourquoi surcharger l'esprit de ceux qui sont appelés à appliquer les lois, de théories tantôt incompréhensibles, tantôt délicates, mais toujours vaines, bonnes tout au plus à amener d'inévitables confusions ? Ne vaut-il pas mieux les biffer d'un gros trait, pour que la postérité ne songe plus, en y consacrant de longues pages, à répudier la doctrine de nos aïeux ? Ce sera notre conclusion.

Mais dès à présent je prévois, et je crois devoir refuter une objection. Il y a tant d'articles inutiles dans notre code, me dira-t-on, pourquoi donc s'attaquer à cette

1. Th. Huc. *Dr. civ.* t. 6 et 7.

pauvre théorie, et exiger inplacablement contre elle
une condamnation à mort? Qu'elle reste là tranquille,
l'inutilité c'est le moindre des défauts. Cette remarque
aurait peut-être une certaine importance, si, en effet,
l'inutilité de la cause était son seul tort ; mais malheureusement pour elle, on a voulu trop souvent l'appliquer, et on l'a appliquée trop souvent de travers ; on
croyait la défendre, en agissant ainsi, contre une première attaque, et on a dressé contre elle les éléments
d'une seconde et plus sûre accusation. C'est cette dernière, qui a déterminé mon opinion sur son sort.

Après ces notions préliminaires, un peu longues
peut-être, mais qui me parurent pourtant indispensables, pour l'intelligence des pages qui vont suivre, j'entre
dans la discussion même du sujet. Tâcher de démontrer
qu'à Rome, la théorie de l'art. 1131 et suiv. n'a jamais
existé, et que les expressions de *sine causa, falsa, turpis,
vel injusta causa,* si elles correspondent aux expressions
françaises d'obligations sans cause, sur cause fausse,
ou illicite, ne contiennent que des idées absolument
différentes ; examiner les textes de nos anciens auteurs
et démontrer, ainsi que Demolombe lui-même, embarrassé pour l'explication de cette théorie, n'hésitait
pas à l'avouer, que « chose remarquable, contrairement à ce qui arrive d'ordinaire dans le droit privé...
l'histoire, loin d'éclaircir cette théorie, a peut-être un
peu contribué à l'obscurcir (1) » ; voir ensuite com-

1. Voir Demolombe, *op. cit.*, t. XXIV, n° 344.

ment les jurisconsultes contemporains comprennent et appliquent la notion de la cause, soit dans les contrats synallagmatiques, soit dans les contrats unilatéraux, tel sera le plan général de notre ouvrage.

CHAPITRE II

LE DROIT ROMAIN ET LA THÉORIE ACTUELLE
DE LA CAUSE

On peut juger du degré de développement du droit
chez un peuple, dit M. Cuq, et jusqu'à un certain point
de son état social, d'après la façon dont il conçoit la
notion d'obligation. En prenant à la lettre cette phrase
de l'éminent jurisconsulte, nous pouvons dire, ce que
personne n'a nié jusqu'à présent, que la législation
romaine fut d'une étonnante perfection. En effet, les
principales règles posées par elles pour la convention
et les contrats, n'ont point cessé, après vingt siècles
d'épreuve, de former la base de toutes les législations
modernes.

Pourtant comme toute autre législation primitive,
celle des Romains devait avoir son enfance ; les mœurs
incrédules de l'époque, les difficultés des relations
commerciales, l'exagération de la fierté nationale chez
tout peuple nouveau né, devaient imposer des mar-
ques ineffaçables sur les différentes manières de contracter. Ainsi le citoyen seul pouvait s'obliger dans

les formes du droit civil ; il n'y avait que les formes du droit des gens qui étaient accessibles aux pérégrins. Nous pouvons donc diviser en deux classes les manières de contracter à Rome. Nous comprendrons dans la première les contrats du droit civil, dans la seconde, les contrats du droit des gens. Analyser ces deux classes de contrats, et rechercher si la théorie de la cause, telle que nous la comprenons aujourd'hui, était une conditions nécessaire de leur existence, ce sera le premier point vers lequel se dirigeront nos efforts.

Le *nexum*, la *sponsio*, et le contrat *litteris*, étaient les trois contrats solennels, que le génie juridique des Romains, crut devoir réserver aux seuls citoyens. Je n'ai point l'intention de parler du *nexum*, qui, du reste, d'après des conjectures très accréditées, ayant été la source des différentes manières de s'obliger, fut abandonné bientôt par la pratique romaine. Examinons donc la *sponsio*, et le contrat *litteris*.

La *sponsio* ou *stipulatio* consistait dans une interrogation et une réponse. *Spondes-ne*, demandait le créancier, *spondeo*, devait répondre le débiteur, et le contrat était conclu. C'était là les seuls termes consacrés à l'origine ; mais bientôt, nous voyons le domaine de la *stipulatio* s'étendre ; les *verba* commencent à pouvoir obliger aussi bien les *peregrini* que les *quirites*, et il n'y a que les paroles de la *sponsio* qui restent propres à ces derniers. Les règles générales de la *sponsio* restant les mêmes dans toutes les *stipulationes* en général,

tout ce que nous dirons de la première, s'applique
forcément aux secondes.

La *stipulatio* n'était point un contrat d'une espèce
particulière, c'était une manière générale de contracter très estimée et très répandue, offrant de nombreux
avantages, que je n'ai point à examiner ici ; c'était un
moule, comme on l'a fort bien dit et plusieurs fois répété, dans lequel il suffisait de jeter une convention
pour la munir d'action. Certes la *stipulatio* en elle-même
ne pouvait faire naître que des obligations unilatérales, pourtant, par deux ou plusieurs *stipulationes* en
sens inverse, on arrivait fort bien à sanctionner des
contrats synallagmatiques ; il faut pourtant remarquer que dans ce dernier cas, aucune corrélation n'existait entre les deux obligations ; chacune avait une vie
propre et indépendante.

En analysant les conditions nécessaires pour la validité de la stipulation, deux choses nous frappent particulièrement : la solennité et la force attribuée aux paroles. Les paroles, voilà ce qui forme le lien civilement obligatoire, au delà d'elles, on ne recherche rien,
les motifs de la promesse qui déterminèrent la prononciation même des *verba*, ne jouaient absolument
aucun rôle ; dès que les paroles étaient prononcées, on
ne voyait plus ni l'immoralité du but poursuivi, ni
l'inexécution d'une autre stipulation concomitante.

A côté de la stipulation, nous voyons le contrat *litteris*, comme manière générale de contracter ; comme

les paroles, dans la première, l'écriture, dans le second, était la seule raison de la sanction de l'obligation.

La *sponsio* et la *transcriptio* dans le *codex*, n'étaient du reste que des manières de contracter ; elles avaient l'avantage de faciliter les preuves, et de préciser les conventions antérieures des parties. « Il importe en effet de ne pas perdre de vue comme disait M. Huc (1), qu'une stipulation n'interviendra jamais entre deux citoyens sans une cause réelle antérieure, à moins que le promettant n'ait voulu faire une libéralité ». Nous trouvons la même idée dans un texte de Paul » : *Obligationum firmandarum gratia*, disait-il, *stipulationes inductæ sunt* (2) ».

Rationnellement toute *stipulatio*, et il en est de même de la *transcriptio*, devait donc intervenir pour sanctionner une convention antérieure, impuissante à créer des obligations. Cette convention était, sans nul doute, la cause efficiente ou occasionnelle de la stipulation, il faut se garder, par conséquent, de la confondre avec la cause finale des art. 1131 et 1133.

De tout ce qui précède, nous pouvons tirer notre conclusion, du reste indiscutable. Les Romains n'exigeaient de cause finale, ni dans les contrats *verbis* ni dans les contrats *litteris* ; mais alors quel est le sens de *causa civilis*, dont parlent les romanistes modernes, à propos de ces deux classes de contrats.

---

1. Th. Huc, *Etude historique sur la notion de la cause dans les Oblig. selon les principes du vieux droit Romain*, p. 6.
2. Paul, V. VII, 1.

D'après les commentateurs modernes, la *causa civilis* c'est la raison pour laquelle le *jus civile* munissait d'action la simple convention ; ce sont, soit les paroles prononcées dans les contrats *verbis*, soit l'écriture dans les contrats *litteris* ; la *causa civilis* est, en un mot, la raison génératrice, la cause efficiente de l'obligation. Rien qu'en comparant cette définition avec celle que nous avons donnée dans notre chapitre premier sur la cause finale, on voit les différences qui les séparent ; aussi en parlant de la cause civile, on a justement remarqué, « qu'il ne saurait évidemment être question, dans notre droit français, de causes d'obligations, dans le sens que nous venons d'indiquer, car les conventions y sont, en général, civilement obligatoires par elles-mêmes, c'est-à-dire par le seul effet du consentement des parties (1). »

Dans l'étude des contrats formés *consensu et re,* c'est l'absence de notre théorie que je serai obligé d'enregistrer de nouveau.

Les contrats consensuels ne sont, au début, que des pactes dépourvus de toute action, ce n'est qu'à une époque assez reculée, que *transeunt in nomen contractus*, à raison de leur fréquente application. La vente, le louage, la société et le mandat, ce sont les quatre conventions qui recoivent le nom de contrats consensuels.

Pour l'existence même de ces contrats, nous trouvons deux conditions communes et essentielles ; le

1. *Répertoire des Pandectes françaises. Oblig.* n° 7667.

consentement des parties contractantes, et un objet licite. Nous trouvons aussi pour l'existence de chacun d'eux, des conditions spéciales, que je n'ai point l'intention d'examiner ici ; mais ce que nous ne voyons nulle part c'est la théorie de la cause ; les Romains n'ont pas considéré cette théorie comme une condition essentielle à l'existence des conventions ; comment donc expliquer, que chez nous avec la théorie de la cause, et chez les Romains en absence de cette théorie, on arrive aux mêmes résultats pratiques ? Ainsi prenons pour exemple la vente d'une maison incendiée au moment de la convention ; en droit français on dit que la vente est nulle faute de cause (1), eh bien ! en droit romain, on arrive absolument au même résultat pratique, sans avoir besoin de faire intervenir cette notion ; la vente dit-on est nulle faute d'objet (2).

Dans le contrat de louage, nous trouvons encore un exemple frappant, de cette similitude des résultats pratiques, produite par des moyens différents. Je suppose une maison louée pour un an, puis-je être obligé à payer le bail entier, si la maison vient à être détruite par cas fortuit au bout de six mois ? La question était ré-

---

1. Toullier. *Droit civ.* T. No 6 et 116 et suiv.

2. *Ét si consensum fuerit in corpus, id tamen in rerum natura ante venditionem esse desierit, nulla emptio est.* Dig. VIII, Tit. I, L. 15. *De contrahenda emptione* etc. Un texte de Paul cite l'exemple même de Toullier. « *Domum emi, cum eam et ego et venditor combustam ignoraremus, Nerva, Sabinus, Cassius, nhil venisse, quamvis area maneat ; pecuniamque solutam condici posse aiunt.* » Dig. XVIII, Tit. I, L. 57 princ. V. encore Dig. même livre et titre. L. 41, § 1 et L. 58

solue négativement en droit romain (1) ; dans le louage
en effet, le bailleur était obligé de livrer la chose,
et cette obligation de livrer était successive, comme
l'obligation du locataire de payer la *merces*, était
successive de son côté. Tout louage peut ainsi être
décomposé en une série de contrats du même
genre, mais d'une durée infiniment courte. Ces différents contrats, pour qu'ils soient valables, doivent réunir à eux seuls et séparément, les mêmes conditions
que le louage tout entier, c'est-à-dire le consentement,
une chose et un prix. Eh bien ! si la chose périt par cas
fortuit, une des conditions nécessaires pour l'existence
du contrat venant à manquer, le contrat tout entier tombe, en entraînant avec lui l'obligation du locataire de payer le prix. Ce sont là des notions nettes et
précises, la convention n'existe pas, parce qu'il n'y a pas
d'objet, et que dans toute convention un objet est nécessaire ; malheureusement les auteurs français (2),
donnant à propos de notre exemple la solution romaine,
croient devoir la justifier par l'absence de cause ; dans
le louage, disent-ils, la cause de l'obligation du locataire de payer le prix, est successive, et comme à partir du moment où la chose est détruite, l'obligation du
bailleur de le faire jouir cesse d'exister, la contre-obli-

---

1. *Si quis cum in annum habitationem conduxisset, pensionem totius
anni dederit, deinde insula post sex menses ruerit, vel incendio consumpta
sit, pensionem residui temporis, rectissime Mela scripsit ex conducto actionem repetiturum.* Dig. XIX T. II *Locati conducti*, 19. § 6.

2. V. Baudry-Lacantinerie, *op. cit.* T. II. nº 849.

gation du locataire n'ayant plus de cause, entraîne par voie de conséquence la résolution du contrat. Ce n'est pas le moment de critiquer ce système, en tout cas je crois pouvoir dire dès à présent, que ces idées me paraissent vagues et confuses. A quoi bon ces inventions? Le système romain n'était-il donc pas suffisant, et pourquoi l'abandonner ainsi, sans prendre même la peine de le refuter? C'est une question que je pose.

En prenant l'exemple d'un contrat formé *re*, nous pouvons constater de nouveau, que les mêmes divergences des moyens invoqués, conduisent dans nos deux législations à des résultats pratiques absolument pareils. Ainsi dans un *mutuum* ou un *commodat*, si la chose ou la somme exigées n'ont pas été prêtées, on disait à Rome que le contrat était nul, faute de *res*, tandis qu'à présent, on redouble la raison de la nullité du contrat, et on dit, en outre de la raison romaine qui existe toujours, que le contrat est nul faute de cause.

Si la nécessité d'un objet dans toute convention, suffisait à Rome pour déclarer nulles les conventions dans lesquelles on constatait son absence, la nécessité d'un objet licite devait suffire aussi, pour frapper d'une nullité radicale, les conventions dont l'objet constituait un fait contraire à l'ordre public ou aux bonnes mœurs. Ainsi, par exemple, la convention dont l'objet consiste dans le fait d'accomplir un acte délictueux, est d'après les auteurs modernes nulle pour cause illicite; les Romains ne faisaient nullement intervenir cette notion, ce qui ne les empêchait pas de déclarer la convention dépourvue de toute valeur. *Pacta*, nous disent-ils, *quæ contra leges constitutionesque vel contra bonos mores fiunt, nullam vim habere, indubitati juris est* (1).

Je crois avoir suffisamment démontré jusqu'à présent, que dans les différents contrats nommés par les Romains, la théorie de la cause ne jouait absolument aucun rôle; comment se fait-il donc qu'on rencontre si souvent l'expression *de causa* dans leurs écrits? C'est en examinant cette question que je tâcherai de prouver l'absence de l'application de notre théorie même dans les contrats innomés.

En droit romain comme en droit français, le mot cause était employé dans des sens multiples, l'examen de ceux qui présentent le plus d'analogie avec la cause des articles 1108, 1131 et suiv. sera notre unique préoccupation.

Et tout d'abord, nous constatons l'emploi du mot cause avec le sens de motif, dans l'expression de *falsa causa*. La *falsa causa* est à Rome, comme aujourd'hui, sans influence sur la validité de l'acte juridique; rien ne l'empêche pourtant « de revêtir la forme d'une condition ou d'un *modus*, et alors elle agit conformément à la nature de ces rapports de droit (2) ». Nous

1. Codicis. Lib. II, Tit III. De Pactis. Loi 6.
2. V. Savigny. T. 3 p. 309. V. aussi Codicis, Lib. VI. Tit. XLIV. *De falsa causa adjecta legato, vel fidei commisso*. Aussi Dig. *de condict. in deb*. L. 65, § 2. Liv. XII. Tit. VII.

pouvons donc constater ici, que l'expression, de *falsa causa*, n'a rien de commun avec la fausse cause, expression que le code civil emploie dans son art. 1131.

En droit romain, comme d'après la grande majorité des lois modernes, la preuve de toute propriété, présuppose la preuve d'un acte antérieur qu'on appelle titre. Mais, si d'après la législation française, le titre à lui seul suffit pour opérer le transfert, et par suite pour prouver la propriété, à Rome il en était tout autrement ; d'après cette dernière législation les *dominia rerum* se transferaient *usucapionibus* et *traditionibus, sed non nudis pactis ;* tout titre devait donc, pour qu'il fût translatif de propriété, être suivi d'une tradition ou d'une *usucapio.* De cette dernière proposition il faut se garder pourtant de conclure qu'à Rome, l'examen de la convention qui servait de cause au transfert, fût tout à fait inutile ; ainsi pour qu'on pût usucaper, un juste titre était nécessaire ; pour que la tradition produisît son effet on exigeait l'*animus*, c'est-à-dire la double intention de transférer et d'acquérir ; or le plus souvent cette intention était la conséquence d'un juste titre, c'est-à-dire d'un acte antérieur, par exemple d'une vente ou d'une donation (1).

Le juste titre à Rome avait le nom de *justa causa.* C'est cette *justa causa* qui servait à qualifier l'usucapion

1. Voir en sens contraire. Savigny. Dr. rom. T. IV. § 161, et Pellat. Textes des Pand. translat. de propr. Dans mon sens Ulpien Dig. XII Titre I De Rebus creditis. L. 18 princ.

qu'elle engendrait ; ainsi on usucapait *pro donato, pro
emptore, pro legato, pro judicato*.

Si j'ai cru devoir donner un certain développement
à ce dernier sens du mot *causa*, c'est que des ouvrages
d'une très sérieuse valeur, l'ont étrangement confondue
avec la cause des art. 1131 et suiv. Ainsi, par exemple,
M. Brissaud, en comparant la cause et les motifs, cite
à l'appui de ce qu'il avance, un passage de Ihering. Le
célèbre jurisconsulte allemand fait, en effet, cette distinction, mais il ne donne nullement au mot cause, le
sens que le code Napoléon et ses commentateurs lui
ont attribué. Il n'est pas difficile de s'en rendre compte,
en lisant le chapitre tout entier, dont une seule partie
est citée par M. Brissaud ; Ihering emploie, en effet, le
mot *cause*, dans le même sens qu'on attribue aujour-
d'hui au mot *titre*. Il examine la différence entre les
motifs par lesquels les parties ont été poussées à faire
un acte translatif de propriété, et le titre dont elles se
sont servies pour arriver à ce transfert ; c'est ce dernier élément « qui imprime à cet acte son caractère
propre, et en fait, un paiement, une donation, une dation etc. » ; je ne crois pas, du reste, que la citation
tout entière de cette page du jurisconsulte allemand
soit inutile, car non seulement elle ne prouve rien en
faveur de la théorie de la cause, mais en outre elle
peut être invoquée en faveur de l'opinion que je défends ; en effet, la théorie de la cause n'est même pas
soupçonnée dans ce texte.

Ihering nous dit :

« La cause a une grande analogie avec le motif, mais elle en diffère cependant d'une manière essentielle. Le motif d'un acte est absolument sans influence pour le caractériser au point de vue juridique. Que l'on achète une chose parce qu'on en a besoin, ou dans l'intention de rendre service au vendeur ; que l'on donne par vanité ou par bienveillance, peu importe : *La vente, la donation, sont comme telles des faits juridiquement compréhensibles et qui chez le juriste n'éveillent nullement la question : pourquoi ?* Mais il en est tout autrement quand il s'agit du *transfert de propriété*. Son but ou la cause pour laquelle il s'opère, n'est pas un simple motif, une impulsion toute individuelle, que chaque partie peut garder dans son for intérieur, c'est un élément constitutif de l'acte même, dans lequel se concentre l'accord des deux parties ; c'est une condition commune de l'acte ; c'est l'élément qui imprime à cet acte son caractère propre et en fait un paiement, une donation, une dation, etc., en un mot une partie indispensable de la physionomie juridique de l'acte. Si cet élément ne nous apparaît point, il faut une recherche spéciale pour le découvrir, nous n'avons plus qu'une intelligence incomplète de l'acte ; le pourquoi de l'acte (translatif de propriété) reste sans réponse, et nous n'apercevons de l'acte que l'une de ses faces. Mais c'est précisément pour en arriver là que toute cette marche a été tracée. Une circonstance, une seule, doit être recherchée pour apprécier le transfert de la propriété : c'est que l'intention des parties était d'opérer un transfert de propriété, toute autre intention accessoire de leur part étant écartée. La volonté abstraite de transférer la propriété, telle est la seule chose qu'il y ait à rechercher. Ces deux actes nous montrent ainsi isolée absolument et dégagée, grâce à l'analyse juridique de tout mélange d'obligation, la pure volonté de transférer la propriété. Pour les juges, il n'est pas besoin de rien comprendre au droit des obligations. *Ce sont des faits qui se meuvent exclusivement sur le terrain de la théorie de la propriété :* de purs modes d'acquisition de la propriété (1) ».

Dans ces phrases, le célèbre jurisconsulte d'outre-Rhin compare, comme je l'ai déjà dit, *le motif,* sous l'influence duquel un acte a été fait, et *le titre* « qui est l'élément constitutif » qui a servi pour transférer la propriété. En examinant le premier terme de sa comparaison, le motif, (et il comprend sous cette dénomination aussi bien le motif éloigné que le motif immédiat, ce que nous appelons la cause d'une convention) il n'hésite point à déclarer que c'est là une question qui importe peu. « La vente et la donation, nous dit-il, sont comme telles des faits *juridiquement compréhensibles,* et qui, chez les juristes, n'éveillent nullement la question : pourquoi ? » Mais ce qui n'est pas compréhensible d'a-

---

1. V. Von Ihering. *Esprit du droit romain,* T. IV, p. 200 208.

près Von Ihéring, et c'est là le second terme de sa comparaison, ce qu'il faut rechercher pour avoir une intelligence complète de l'acte, c'est le pourquoi du transfert de la propriété, c'est la réponse à ce pourquoi qui formera le titre, la cause ; c'est cette réponse qui nous permettra de connaître si vraiment l'inten tion des parties était d'opérer ce transfert, toute autre intention de leur part étant écartée.

Si la plupart des auteurs sont d'accord pour penser que ni la *falsa*, ni la *justa causa*, ne peuvent être invoquées comme origine de la théorie de notre code, il en est tout autrement en ce qui concerne certaines *condictiones* ; c'est, disent-ils, dans le sens de *condictio sine causa, causa data, causa non secuta, de ob turpem ve injustam causam condictione*, que le Code civil emploie le mot cause dans les art. 1131 et suiv. (1) ». Cette opinion ne me paraît pas fondée. L'analogie, de la notion de la cause que le Code nous donne, avec les *condictiones* citées plus haut, n'est en effet qu'apparente, la cause d'aujourd'hui n'est en somme, comme Gide aurait pu dire, qu'une ancienne étiquette, laissée par mégarde sur des vases dont on a renouvelé le contenu (2).

Et tout d'abord quel est le sens qu'il faut attribuer à ces différentes *condictiones*, et à quelle idée générale peut-on rattacher la raison de leur existence ?

1. V. Repert. des Pandectes fr. obl. 7663, et Aubry etRau. T. IV. Nº 345, Note 2.

2. Gide. De la Nov. et de la cess. des créances en dr. rom. p. 2.

A cette double question je crois pouvoir donner la réponse suivante : La *condictio sine causa, causa data, causa non secuta*, la *ob turpem vel injustam causam condictio*, n'étaient que des actions en répétition, basées sur ce qu'un enrichissement sans cause a été procuré au défendeur. Ces différentes *condictiones* n'avaient nullement pour but de déclarer nul un contrat antérieur, parce que la cause, condition essentielle à son existence, faisait défaut ; la cause qui faisait défaut dans nos hypothèses est, non pas celle de la convention, mais celle de l'enrichissement. De cette simple assertion, ressortent immédiatement les différences saillantes qui séparent le sens qu'il faut attribuer au mot cause de l'art. 1131 et suiv., et celui de nos *condictiones*. Avant d'examiner séparément chacune d'elles, quelques observations générales me paraissent nécessaires.

Toutes les fois qu'une personne s'enrichit sans cause, on peut intenter contre elle la *condictio sine causa* pour faire cesser cet enrichissement. On voit par là que cette *condictio* peut recevoir un sens général ; elle embrasserait dans cette hypothèse, non seulement toutes les *condictiones* déjà citées, mais en plus la *condictio indebiti*, et la *condictio furtiva* ; la *condictio sine causa* serait ainsi une action toute d'équité, car comme nous disent à plusieurs reprises les textes romains « *æquum est neminem cum alterius detrimento fieri locupletiorem* ». (1)

1. Dig. L. XII T. VI De condict. indebiti L. 14. Voir aussi Dig. L. L. Tit. XVII De regulis juris. L. 206.

Les raisons de l'enrichissement d'une personne peuvent être multiples; parmi ces raisons le contrat est sûrement la plus féconde; la nullité d'un contrat peut donc entraîner avec elle l'absence de la cause de l'enrichissement, et donner ainsi naissance à la *condictio sine causa*; mais ce n'est pas le contrat même que le défaut de cause rendra inexistant; les Romains n'attribuèrent jamais une pareille étendue à la théorie de la cause. C'est cette même idée que Savigny nous expose dans les termes suivants. « Les principaux cas de cette espèce, (il s'agit d'un propriétaire qui transmet à un autre sa propriété pour un motif erroné dès l'origine, ou qui le devient plus tard), peuvent être compris sous le nom général de *datum ob causam*, en supposant la *causa* comme fausse et non fondée. Tels sont les cas de la *condictio indebiti, ob causam datorum, sine causa, ob injustam causam* » (1). On peut donc conclure, et ce passage de Savigny, donne beaucoup de force à notre conclusion, que ces *condictiones* ont pour but tout simplement, de révoquer la transmission de la propriété, opérée par un motif erroné, et je ne vois pas trop ce qu'elle a à faire ici, notre théorie de la cause des conventions; des textes peuvent du reste être invoqués en faveur de cette opinion (2).

1. Savigny Droit Rom. T. V. Append. XIV, VVII.
2. Dig. Liv. XII Tit. VII. *De cond. sine causa*. L. 1, § 3. « *Constat id demum posse condici alieni, quod vel non ex justa causa ad eum pervenit, vel redit ad non justam causam* ». Une autre loi au Dig. Liv. XIV Tit. I. 30 *princ. in fine*, ajoute «... *Condictio eo nomine mihi adversus t^e competit, quasi res mea, ad te sine causa pervenerit* ».

La *condictio sine causa* n'a donc jamais servi à Rome, comme les autres *actiones stricti juris*, pour sanctionner des contrats synallagmatiques de bonne foi, son but était, tel que je viens de l'expliquer, de forcer quelqu'un à l'exécution d'un engagement né *quasi ex contractu*. Je comprendrais à merveille aujourd'hui comme à Rome, cette application de la *condictio sine causa*, mais, ce qu'il m'est impossible de comprendre, c'est son emploi, là où justement les Romains se gardaient bien de le faire.

Les *condictiones sine causa* étaient, d'après ce que nous venons de dire, des actions en répétition ; on voit par là, l'analogie de leur effet, avec celui de l'action en revendication ; il ne faut pourtant pas les confondre ; la *condictio* appartient à celui qui cesse d'être propriétaire, et c'est la revendication qui appartient au propriétaire dépossédé. Je ne m'étendrai point sur cette idée à laquelle Savigny consacre des longs développements : « Partout, nous dit-il, la *condictio* nous apparaît comme suppléant à la perte de la revendication » (1) ; si j'ai cru devoir la poser, c'est pour faire ressortir davantage le rôle de nos *condictiones*, et indiquer ainsi la distance qui sépare leur sens de celui que les civilistes modernes veulent lui attribuer.

J'ai déjà dit que la *condictio sine causa*, et je continue à employer cette expression dans son sens le plus large,

_____

1. Savigny, *op. cit.*, t. V, append. XIV, § V.

n'avait nullement pour but d'annuler une convention
antérieure, parce que la cause lui faisait défaut ; la
preuve palpable de ce que j'avance, c'est que dans la
plupart des cas, notre *condictio* était justement donnée
en absence de toute convention antérieure.

Un examen particulier de chacune de ces *condictiones*,
démontrera davantage la différence qui sépare la cause
romaine et la cause de notre Code.

De la condictio sine causa. — En dehors du sens général que je viens de lui attribuer, la *condictio sine causa*
a un sens beaucoup plus restreint. Le champ de son
application, continue pourtant à être infiniment plus
large que celui de la *condictio indebiti*. Si la dernière
est donnée uniquement dans le cas où une personne
acquitte une dette qu'elle n'a pourtant pas contractée,
la première présente une utilité beaucoup plus variée.
Ayant toutes les deux pour base un enrichissement
sans cause, la première a un grand intérêt d'application, surtout dans le cas où le droit commun ne fournit
aucune autre action contre la personne enrichie (1);
on voit par là qu'il nous est impossible de passer en
revue le domaine entier des applications de la *condictio
sine causa* : ce que je dois dire ou plutôt répéter pour
rompre toute espèce de liens qui puissent sembler la
rapprocher de la cause de notre Code, c'est que notre
condictio, dans toutes ses applications, a pour but, non
pas d'anéantir une obligation antérieure, obligation qui,

---

1. Accarias, *op. cit.*, t. II, n₀ 875

du reste, n'a jamais peut-être eu lieu, mais de détruire un enrichissement indû, un enrichissement qui n'avait pas sa raison d'être, ou pour employer le langage de Savigny (1), de révoquer la transmission opérée par erreur d'une partie de notre patrimoine dans le patrimoine d'un autre, qui le détenait ainsi sans cause. La *condictio sine causa* n'est, en somme, que l'application de l'adage, que « nul ne doit s'enrichir aux dépens d'autrui », adage ayant pour base non pas la théorie de lacause, mais la pure équité.

Si la *condictio sine causa* dans ses plus remarquables applications (2), n'offre aucune sérieuse ressemblance avec la théorie de notre Code, nous sommes obligés pourtant de constater que ces deux notions se rapprochent beaucoup plus, dans deux cas particuliers, de l'emploi de notre *condictio*. Un examen un peu serré de ces deux hypothèses nous démontrera ce qu'il faut penser de ce rapprochement.

La *condictio sine causa* est donnée à celui qui s'oblige *verbis* ou *litteris*, à payer une chose qu'il est censé avoir reçue, et qui pourtant n'a réellement pas été prêtée. Elle a pour but de contraindre son cocontractant à l'absoudre des paroles qu'il a prononcés, ou de la signature posée à la légère au bas d'un écrit ; cette application de notre *condictio*, est celle qui a le plus d'analogie avec la cause des art. 1131 et suiv. de notre Code ;

1. Savigny, *op. cit.*, t. V, app, XIV, § VII.
2. Accarias, *op. cit.*, n° 873, t. II.

c'est à cette même hypothèse que se réfère le texte suivant : « *Est et hœc species condictionis, si quis sine causa promiserit, vel si solverit quis in debitum : qui autem promisit sine causa condicere quantitatem non potest, quam non dedit : sed ipsam obligationem* » (1).

Mais quels furent les motifs de la création et du maintien de cette application de notre *condictio* ?

J'ai déjà constaté que les contrats solennels, les *verba* et les *litteræ* obligeaient indépendamment de l'immoralité du but poursuivi, de l'inexécution d'une autre stipulation concommitante, ou de la non prestation de l'objet promis. Cet état des choses dû à la rigueur des solennités primitives devait être corrigé, le prêteur intervint, et l'exception générale de dol fut créée.

Cette exception avait pour but, non pas d'éteindre par voie directe, l'obligation elle-même née *verbis*, mais de paralyser la force de la stipulation et d'atteindre ainsi par ricochet l'obligation qu'elle engendrait. Sa base rationnelle n'était point le défaut de cause de l'obligation; cette dernière prise en elle-même, n'était pas dépourvue de cet élément; les *verba* étaient, en effet, une cause suffisante de l'obligation, qui, en pur droit civil, était parfaitement valable. La cause qui manquait dans notre hypothèse était la *cause de la prononciation de la stipulation*. Un texte d'Ulpien prouve du reste à merveille ce que nous venons d'avancer; il nous dit, en effet, à deux reprises, qu'il y a l'exception de dol «... *si quis*

---

1. Dig. Liv. XII, t. VII. De condict. *sine causa*, L. I, princ.

sine causa *ab aliquo fuerit* stipulatus... » et plus bas il
continue à nous dire que *l'exceptio doli nocet, si finita
aut non secuta est « causa stipulationis* ! »

La stipulation, avons-nous dit, rationnellement devait
toujours être précédée d'une convention ; certainement
cette convention était dans la grande majorité des cas
dépourvue de toute action, et l'utilité des contrats *verbis*, était justement de l'en munir. Quelquefois pourtant la stipulation accompagnait des conventions sanc-
tionnées par le *jus civile* même.

Le *mutuum* était l'hypothèse la plus pratique d'un
contrat nommé, qu'une stipulation ne manquait pas, le
plus souvent, de suivre. L'emprunteur était ainsi tenu
à raison des paroles par lui prononcées, indépendamment de la réelle ou non réelle prestation de l'objet dont
on stipulait le retour. C'était là l'application du *jus
civile*, dégagé de toute intervention prétorienne ;
mais l'équité, par l'organe de ce dernier pouvoir, devait
faire intervenir en faveur du débiteur sans raison obligé, l'exception de dol ; elle prend ici le nom d'exception *non numeratæ pecuniæ*.

Cette exception, comme l'exception de dol elle-même,
avait pour base rationnelle le défaut de cause dans la
stipulation ; le contrat antérieur qui devait en effet la
lui fournir faisait défaut, faute de condition essentielle à son existence. On aurait donc pu donner à
l'exception *non numeratæ pecuniæ*, le nom d'exception

1. Dig. L. XLIV, Tit. IV. *De Dol. mal. except.* Loi 2. § 3.

sine causa, parce qu'en effet, la stipulation en vertu de laquelle l'action était intentée, n'avait pas de cause. Cette expression de *causa* n'aurait du reste dans notre cas, aucune analogie avec celle de notre code ; quoi qu'il en soit, l'expression même choisie par les Romains, nous prouve que l'élément qui manquait à la vitalité de l'obligation, était la *res* avant tout autre. C'étaient en effet, les *pecuniæ* qui formaient la cause du *mutuum,* et c'était le *mutuum* qui était la raison d'être de la stipulation ; les *pecunia* faisant défaut, la stipulation elle-même devait logiquement s'écrouler. C'était là, en effet, le résultat de notre exception.

A côté de la stipulation nous trouvons à cette époque des écrits d'une nature particulière, venant pour prouver le fait de la numération. Ces écrits pouvaient être dénués de toute force par l'exception *non numeratæ pecuniæ.* Ils n'étaient du reste que de simples moyens de preuve, comme il en est aujourd'hui des actes authentiques ou sous-seing privé.

En opposant l'exception *non numeratæ pecuniæ,* lorsque le prétendu créancier, se basant sur un *chirographum,* attaquait le débiteur, c'était comme si ce dernier répondait: La preuve que je vous ai fournie, et en vertu de laquelle vous me demandez cette somme, est une preuve qui doit cesser d'exister, parce qu'elle n'a pas sa raison d'être; elle n'a pas sa raison d'être parce que la convention qu'elle constate n'a jamais existé, et la convention n'a jamais existé parce qu'un élément essentiel à sa forma-

tion, la *res*, lui faisait défaut. En un mot c'est *la preuve
seule qui n'existe pas faute de cause*, la convention formant
la raison d'être de la preuve. De tout ce qui précède
nous pouvons donc constater, qu'opposer l'exception
non numeratæ pecuniæ dans cette hypothèse, c'était opposer le défaut de cause de la preuve invoquée, c'est-
à-dire une *exceptio sine causa* (1).

1. Il ne faut pas oublier que ce raisonnement qui donna naissance
à l'exception *non numeratæ pecuniæ*, était un raisonnement prétorien
et non pas du *jus civile* même ; cette remarque démontre pourquoi
c'est par voie d'exception, et non pas par voie de défense tirée du fond
même du droit, qu'on paralysait la force de la *stipulatio*.

L'exception *non numeratæ pecuniæ* avait suivant les époques des
effets différents. Pendant les premiers siècles qui suivirent sa création,
elle n'avait d'autre but que de paralyser la stipulation, sous la condition que le défendeur prouve, que le présumé créancier ne lui avait pas
réellement fourni les *pecuniæ* demandées.

Cet état des choses dura jusqu'au troisième siècle de notre ère ; Mais
à cette époque on a pu remarquer que trop souvent les stipulations
accompagnant les prêts, n'étaient que des fréquents moyens d'usure et
de fraude. On prêtait mille et on stipulait le double ; comment pouvoir en effet exercer autrement le métier d'usurier, le prêt à intérêt
étant suivant les époques tantôt prohibé, tantôt limité ? Et puis, c'était
un autre genre d'honnêteté qui distinguait les banquiers du Bas-Empire ; il leur arrivait souvent, paraît-il, de stipuler des prêts nullement
réalisés. Emus par ces faits, les empereurs firent l'observation suivante : La stipulation, ont-ils pensé, n'est en somme dans notre cas
qu'un moyen corroboratif du *mutuum*. Sans cette stipulation le prêteur serait obligé de prouver la dation même, et c'est pour empêcher
cette preuve difficile qu'elle intervient à côté du *mutuum*. Mais, si la
preuve du transfert de la propriété est difficile, celle de la numération
des espèces l'est beaucoup moins. Restreignons donc aux besoins qui
ont fait intervenir notre stipulation, les effets qu'elle est appelée à
engendrer. Obligeons le stipulant lui-même à prouver sinon la dation, du moins la numération des espèces. On était arrivé ainsi à
attribuer à l'exception *non numeratæ pecuniæ*, des effets assez analogues
à ceux qu'aurait produits une défense tirée du fond même du droit.

L'exception *non numeratœ pecuniœ* avait le défaut, si c'en était un, de ne pouvoir être opposée que pendant un certain temps. Il fallait donc protéger plus efficacement le débiteur, contre lequel le créancier n'agissait pas pendant ces délais. C'est alors qu'on créa notre nouvelle application de la *condictio sine causa*. Elle est la contre partie de *l'exceptio non numeratœ pecuniœ*. Cette *condictio* avait pour but d'obtenir la libération du débiteur : 1° soit du *chirographum* signé ; 2° soit des paroles par lui prononcées. Eh bien, dans le premier cas, cet écrit n'était comme je l'ai déjà dit, au Bas-Empire, qu'une preuve, et non pas une manière d'obliger. En rendant l'écrit, le créancier pouvait continuer à être créancier, ce qu'il y aurait de nouveau dans sa situation, ce serait la difficulté dans laquelle il se trouverait pour prouver son droit.

Il ne faut pas, en effet, confondre les écrits du Bas-Empire avec les contrats *litteris* de l'époque classique ; l'emploi des *codices* a bien vite disparu, et les *chirographa* et les *syngraphœ* prirent leur place. Ces derniers ont été empruntés à la législation grecque d'après laquelle le seul consentement avait une force obligatoire (1). On peut donc soutenir, que dans ce cas la *condictio sine causa*, comme *l'exceptio non numeratœ pecuniœ*, avait pour but, non pas de libérer le prétendu débi-

1. Cette opinion est admise par la presque unanimité des romanistes modernes. V. Gast. May, t. II, n° 311 ; P. Gide, études sur la novation p. 218. Accarias, t. II, n° 580, note 6. V. aussi Gaïus III, 134. Contra Ortolan III, n° 1431. Voir en plus dans notre sens l'ouvrage nouvellement paru de M. Beauchet, *Hist. du dr. privé de la république athénienne*, l. IV, p. 16-22

teur de l'obligation, qui n'a du reste, jamais peut-être
existé, mais de la preuve indûment par lui fournie au
banquier malhonnête ; son seul but était en effet de
demander l'écrit signé (1).

Mais, me dira-t-on, la *condictio sine causa* était donnée
dans un second cas ; elle pouvait avoir pour but d'exiger la libération du débiteur de la *promissio* par lui prononcée, et la *promissio* a toujours eu la force d'obliger
indépendamment d'une convention antérieure. Tout cela
est d'une exactitude parfaite ; mais qu'on le remarque
bien, la *condictio* avait pour but dans notre cas, non pas
l'anéantissement direct de l'obligation elle-même, mais
l'anéantissement des paroles prononcées, par une *accep-
tilatio*, et c'est par voie de ricochet comme je l'ai déjà dit,
que l'obligation elle-même tombait dans le vide ; c'est
ce résultat final qui explique, du reste, le langage de certains textes. (2) Ce qui était *sine causa*, était, non pas l'o-
bligation, car les *verba* étaient sa cause nécessaire et suffisante, mais justement la prononciation des *verba*, qui
devaient avoir pour cause une convention antérieure,
convention ne pouvant se comprendre sans la prestation de la *res* (3) ; cette *res* faisant défaut, la stipulation
n'avait pas de cause. En un mot, c'est la convention
antérieure tout entière qui était considérée comme cause

1. V. Accarias, t. II, p. 1162, 3ᵉ éd. V. aussi Code livre IV, tit. IX.
Loi 4 « *Si non est numeratum, quod velut accepturum ti sumpsisse mutuo scripsuti... reddi titi cautionen præsidali notione postule potes* ».
2. Code liv. IV, tit. XXX, loi 7.
3. Accarias, *op. cit.*, t. II, nº 589, 3º.

de la stipulation, et qui faisait ici défaut ; eh bien, chez nous la cause de l'art. 1131 n'a jamais eu ce sens, la cause est, nous dit-on, un élément de la convention, apparaissant à côté du consentement et de l'objet, et non pas l'ensemble d'une convention quelconque.

On peut, du reste, ajouter que la *condictio sine causa*, surtout dans cette dernière application que je viens d'examiner, n'a vu le jour que pour des raisons absolument et essentiellement romaines. Il y avait là un correctif détourné d'un formalisme primitif et rigoureux ; sans le formalisme le correctif serait absolument inutile. La *stipulatio* n'a, en effet, chez nous aucune force créatrice ; pour qu'un prêt prenne naissance, une *res* est toujours nécessaire et indispensable ; si cet élément fait défaut, c'est faute de *res* qu'on doit dire, comme on disait pour le *mutuum* romain, et non pas faute de cause, que le contrat n'est point formé.

Quelle est donc, pour nous résumer, l'effet de la *condictio sine causa* dans nos deux hypothèses ? Dans un premier cas elle a pour but de révoquer un billet imprudemment signé ; elle a ensuite pour effet d'anéantir une stipulation, capable d'engendrer une obligation à cause du formalisme primitif, et qui a été prononcée sans raison. Confondre dans la première hypothèse le sens de la *condictio sine causa*, avec celui de l'obligation sans cause de notre code, ce serait confondre deux choses qui doivent être soigneusement distinguées : l'obligation et la preuve. Quant à son second effet, s'il offre une

apparente analogie avec la théorie des art. 1131 et suiv.,
il ne faut voir sa raison d'être, que dans des circonstances complètement étrangères à notre droit.

De la condictio causa data causa non secuta. — Si j'ai la
profonde conviction que le mot cause dans l'expression
de « *condictio sine causa* », a un sens tout différent de la
cause de notre code, je ne crois pas non plus, que l'analogie de cette dernière soit grande, avec le sens qu'on
doit attribuer aux expressions *causa data non secuta.*
D'ailleurs, c'est à des raisons uniquement romaines que
nous devons aussi, comme je le démontrerai tout à
l'heure, l'apparition de notre *condictio.*

Toute *datio,* nous disent les textes (1) a lieu *aut ob
causam præteritam aut ob rem,* et cette *res* peut être *aut
honesta aut turpis.*

Si la *datio* a lieu *ob causam præteritam* et que cette
causa fait réellement défaut, le *tradens* peut intenter la
condictio sine causa ou la *condictio indebiti* pour répéter
la chose indûment payée, et que l'*accipiens* détient sans
cause.

Mais la *datio* peut avoir lieu *ob rem,* c'est-à-dire en
vue d'une prestation réciproque de l'*accipiens,* et être
ainsi le résultat d'une convention antérieure, par exemple, d'une vente. Mais toute convention à Rome n'était
pas munie d'action, et si dans le cas de notre exemple,
le *tradens* avait l'action *ex empto,* pour obliger le ven-

1. Dig., liv. XII, t. V, l. I, princ. *De cond. ob turpem vel injustam
causam.*

deur à lui transférer la *vacuam possessionem* de la chose vendue, c'est que la vente était un *contrat*, c'est-à-dire un pacte muni d'action ; il en était tout autrement pour certaines conventions, qui quoique ayant formé l'origine même de la vente, (1) n'ont jamais pris place, malgré la volonté de l'école sabinienne, parmi les contrats nommés ; l'échange est le type de ces conventions.

L'échange offre une grande analogie avec la vente ; la seule différence qui doive les séparer dans une législation perfectionnée, c'est que dans l'échange, la chose que le co-échangiste doit en retour de celle qu'il a reçue peut être, de toute espèce, tandis que dans la vente la chose due par l'acheteur, doit consister en argent monnayé, en *pecunia numerata*.

En droit romain, l'échange était jusqu'à une certaine époque une convention dépourvue de toute action. L'un des contractants pouvait exécuter la convention, l'autre ne continuait pas moins à n'être point obligé. Les deux parties d'une même convention étaient censées n'avoir rien de corrélatif, l'une était complètement indépendante de l'autre. Mais cela ne veut pas dire que la dation de l'une des parties ne produisît absolument aucun effet. La règle que personne ne doit s'enrichir aux dépens d'autrui, et en vertu de laquelle on donnait la *condictio ex mutuo, indebiti* ou *sine causa*, devait former la base d'une action en répétition de la chose

1. Dig., liv. XVIII, t. I, loi I. « *Origo emendi vendendique a permutationibus cœpit* ».

donnée. Cette action prit le nom de *condictio ob rem dati* ou de *causa data causa non secuta*. Elle était donnée contre celui qui avait reçu une chose en vertu d'une convention qu'il ne voulait ou ne pouvait exécuter. Je n'ai point l'intention de faire ici l'historique de la formation des contrats innomés ; c'est une question qui a été trop souvent et trop bien traitée pour que j'y revienne ; ce que je crois utile de rappeler, c'est que, même après la sanction de ces *negotia nova*, sanction assez particulière du reste, par l'action *prescriptis verbis*, la *condictio causa data causa non secuta* ne cessa pas d'exister; elle a été pourtant modifiée sur certains points. Ainsi elle ne pouvait être intentée que lorsque la dation réciproque n'était pas effectuée soit par la mauvaise volonté de l'*accipiens*, soit parce qu'elle était d'une exécution naturellement dès le début impossible. Je dis dès le début, parce que si la contre-prestation devenait impossible après la première *datio*, le *tradens* ne pouvait plus répéter. L'effet de la *condictio causa data causa non secuta* était en effet calqué sur l'étendue de l'*actio præscriptis verbis*, et d'après cette dernière les risques étaient pour le *creditor* (1).

De tout ce qui précède, nous pouvons donc constater trois choses qui nous sont utiles pour la comparaison entre le sens de la *condictio causa data causa non secuta* et la cause de notre code.

---

1. Je sais bien que Paul et Celsus se contredisent sur ce point, mais leur contradiction s'explique fort bien. Celsus, en effet, se plaçait sous l'ancienne théorie avant la formation même des contrats innomés.

1° Et tout d'abord la *condictio causa data causa non secuta*, n'était qu'une application particulière de la *condictio sine causa*, et elle était basée sur ce qu'un enrichissement sans cause était procuré à l'*accipiens*.

2° Ensuite chez nous, toutes les conventions forment la loi des parties, et sont par conséquent, munies d'actions. Il en était tout autrement en droit romain. Si à cette époque les contrats innomés rentraient comme chez nous, dans la classe des contrats consensuels, la *condictio causa data, causa non secuta* n'aurait jamais existé. Le co-contractant refusait-il, par exemple, dans un échange, de transférer la propriété ou la possession de la chose promise ? On n'aurait eu qu'à l'obliger par une action de bonne foi, qu'on aurait nommée *actio ex permutatione* par exemple, comme on obligeait le vendeur récalcitrant à transférer la paisible possession de la chose vendue, par l'action *ex empto*. Si, au contraire, le co-échangiste était dans l'impossibilité d'exécuter son obligation, parce que la chose promise en retour n'a jamais existé, on n'aurait eu qu'à déclarer l'échange nul faute de *res*, comme on le faisait pour la vente elle-même, et non pas faute de cause.

Si, en troisième lieu, la chose avait péri après le contrat, eh bien, on n'aurait eu qu'à faire l'application de la théorie des risques, exactement comme on faisait dans le cas de vente, pour résoudre toutes les difficultés.

3° Et puis enfin, la *conditio causa data, causa non*

4

secuta, était synonyme de la *condictio ob rem dati,* et on aurait même pu lui donner le nom de « *condictio res data res non secuta* ». Cette dernière expression ne serait même pas désavouée par les textes du Digeste, où nous trouvons la phrase suivante. « *Si res propter quam datum est secuta non est* (1). »

Si ce que je viens de dire paraît logique en ce qui concerne la *condictio causa data causa non secuta* avant la formation des contrats innomés, on ne peut pas nier, pourra-t-on m'objecter, qu'après l'introduction de l'action *præscriptis verbis, nos condictiones* qui ne cessèrent pas d'exister, avaient pour but de répéter l'exécution *d'une obligation qui n'a pas pu prendre naissance faute de cause.* La *prescriptis verbis actio,* n'avait elle-même, du reste, pour effet, que d'obliger quelqu'un, d'exécuter un engagement, parce qu'il y avait une cause qui lui donnait naissance, de sorte que nous trouvons l'exigence d'une cause pour la formation des contrats innomés. Cette cause serait justement l'exécution de la convention de la part de l'une des parties contractantes.

J'accepte entièrement cette manière de voir, mais qu'on le remarque bien, les contrats innomés même après être arrivés à leur plus haut point de perfection, ne purent *jamais,* en droit romain, engendrer à eux seuls des obligations. L'action *præscriptis verbis,* n'a jamais eu l'étendue des actions naissant des contrats

1. Dig. L. XII, T. V, L. I, § 2.

synallagmatiques de bonne foi, par exemple, de l'*actio ex empto*. La convention était faite, et pourtant ni l'une ni l'autre des parties contractantes ne se trouvait obligée. « *Est autem*, en effet, comme disait Donneau, *hæc certa regula, quod in conventionibus, quæ in proprium nomen contractus non transeunt, is qui rem dat, ut etiam accipiat, non obligatur* ; nam ante rem traditam non obligatur, etiamsi convenisset ut daret; *proinde nec obligatur si rem dederit ; quoniam etiamsi prius obligatus esset, ea traditione liberatur. Proinde nulla obligatio ei obstat, quominus traditum recte repetat, et ob causam datam causa non secuta* (1). »

L'exécution bénévole de la convention de la part de l'une des parties, était donc nécessaire pour que l'obligation de l'autre prît naissance, de sorte qu'on peut fort bien dire que l'exécution de la convention était la cause génératrice de l'obligation. C'est l'exécution, en effet, qui précède et qui donne la vie à l'obligation.

Mais quel rapport y a-t-il entre cette cause et celle de notre code? Des causes!!! Mais nous en trouvons dans toutes les obligations romaines. Dans les contrats se formant *verbis, litteris, re, consensu*, on peut dire que la cause de l'obligation était les *verba*, les *litteræ*, le *consensus*, la *res*; dans les contrats innomés la cause de l'obligation de l'une des parties était l'exécution de la convention de la part de l'autre. Mais dans toutes ces hypothèses la cause précède l'obligation même. Ce que

1. Donneau, T. VII, p. 755. Sur la loi 8 au Code *de contr. empt.*

nous ne trouvons guère dans cette législation si strictement logique, c'est une cause telle que nous l'enten-
dons aujourd'hui.

Si on voulait raisonnablement, du reste, rechercher à
Rome une cause analogue à celle des art. 1131 et suiv.,
c'est dans les contrats se formant *consensu* qu'on devrait
le faire. Eh bien, la cause de l'obligation naissant de
ces contrats, c'est le *consensus* tout simplement. Les Romains n'ont jamais parlé d'une autre cause en dehors
du *consensus* dans cette espèce de contrats. « *In emptione
venditione similibusque contractibus,* comme dit en effet
Donneau, *qui in proprium nomen transeunt, obligatio
con trahitur ex ipsa conventione ; unde dicitur obligatio con-
trahi solo consensu, hinc fit ut emptor etiam se vendita non
sibi tadita sunt, habeat actionem ad rem venditam petendam,
nempe ex empto. Quod si actionem habet que non tradita,
multo magis se tradita habebit exceptionem ad eam rem
retinendam justa regulam juris : cui damus actionem eodem
multo magis exceptionem competus* (1) » .

Eh bien, chez nous, sauf de rares exceptions, tous
les contrats sont consensuels ; dès que la convention
a lieu les obligations des parties prennent une vie propre, comme cela existait pour la vente romaine. L'exécution ou l'inexécution de la convention de la part de
l'une des parties, laisse donc intacte l'obligation déjà
née, et on n'a jamais dit à Rome que *l'exécution* de
l'obligation du vendeur fût la cause de l'obligation de

1. Donneau, t. VII, p. 755. Sur la loi 8 au C. de contr. empt.

l'acheteur ou réciproquement. Les deux obligations dans tout contrat synallagmatique nommé, naissaient en effet simultanément, comme dans tous nos contrats d'aujourd'hui. On ne pouvait donc pas dire, que l'exécution de l'une des obligations servît de cause à l'autre, car ce serait faire précéder la cause de l'effet.

Les choses ne se passaient pas ainsi en ce qui concerne les contrats innomés ; s'il n'est pas inexact de penser que dans cette dernière classe de conventions, *l'exécution d'un pacte dépourvu en lui-même de toute valeur, est la cause de l'obligation de la partie qui en profite, c'est que l'exécution précédait toujours la naissance de l'obligation,* la cause précédait ainsi toujours l'effet. Si on voulait aujourd'hui soutenir cette même idée pour nos différents contrats, il faudrait, pour être logique, ne leur attribuer que la force que les Romains attribuaient aux *negotia nova* ; ce serait tout simplement renverser tous nos principes sur la valeur des conventions, et remonter ainsi de plusieurs siècles en arrière.

De la condictio ob turpem vel injustam causam. — La *condictio causa data causa non secuta,* avons-nous dit, est une action en répétition, donnée contre celui qui avait reçu une chose en vertu d'une convention, qu'il ne pouvait à cause d'un obstacle matériel, ou ne voulait exécuter. Cette même *condictio* prenait le nom de *ob turpem vel injustam causam,* si la chose promise en retour était d'une exécution juridiquement impossible. Ce cas pouvait se présenter lorsque la contre-presta-

tion consistait en un fait illicite. Si la convention était
une vente et que la chose vendue était hors du commerce, c'est par l'action *ex empto* que la répétition du
prix était possible. Je n'examinerai pas les différents
cas dans lesquels les Romains considéraient un fait
comme licite ou illicite ; je crois pourtant pouvoir
faire cette remarque, qu'un fait illicite est toujours hors
du commerce, et qu'une législation, qui pose comme
règle, qu'il « n'y a que les choses qui sont dans le commerce qui puissent faire l'objet du contrat », exclut
par là même, la possibilité d'une convention ayant
pour objet un fait illicite.

Par la *condictio ob turpem causam*, on pouvait répéter
la chose donnée, indépendamment de l'exécution ou
non du fait promis en retour, à moins qu'il n'y eût
turpitude de la part du *tradens* ; décider autrement ce
serait pousser indirectement à l'exécution.

En examinant la *condictio causa data causa non secuta*
lorsqu'elle avait pour but la répétition de l'objet donné,
parce que la chose promise en retour était dès le début d'une exécution naturellement impossible, j'ai remarqué son analogie avec l'action *ex empto*, donnée à
l'acheteur pour répéter son prix lorsque la chose vendue n'a jamais existé. Cette même remarque doit être
faite, et la même analogie doit être constatée, avec la
condictio ob turpem vel injustam causam, et l'action *ex
empto*, lorsque cette dernière avait pour but de repé-

---

1. Dig. *Ob. turp. vel. injust. caus. cond.* L. XII, t. V. L. 1, § 2.

ter le prix parce que la chose vendue n'était pas dans le commerce; je dois constater à présent comme alors, que les Romains n'auraient jamais créé la *condictio ob turpem vel injustam causam*, s'ils avaient, en classant la *permutatio*, pour prendre toujours le même exemple, parmi les contrats nommés, analysé les conditions que les choses échangées devaient avoir. Ils n'auraient jamais manqué de nous dire, que les choses promises devaient avoir le caractère licite, que le défaut de cette condition entraînerait la nullité de la convention, et ils auraient sanctionné cette exigence par une action née du contrat, comme ils le faisaient pour la vente, par exemple par une action *ex permutatione*.

A la *condictio ob turpem vel injustam causam*, on peut attribuer un sens beaucoup plus général, elle aurait alors pour effet d'obliger celui qui détenait injustement une chose, de la rendre ; ce ne serait en somme qu'une application particulière de la *condictio indebiti*. La *condictio furtiva*, elle-même, serait alors une application de la *condictio ob injustam causam* (1). Savigny nous exprime à plusieurs reprises cette idée : « La *condictio furtiva*, dit-il, n'est donc pas en réalité qu'une application de la *condictio sine causa*...(2) et plus bas : « D'après l'exposé qui précède, on voit que la *condictio furtiva* ne résulte pas d'un délit comme la *furti* et la *doli actio*, elle résulte comme toute *condictio sine causa*,

1. Gast. May. 1re éd. t. II, n° 358.
2. Savigny, *op. cit.* t. 5. append. XIV. p. 529.

du fait que l'adversaire s'enrichit sans motifs à nos
dépens, fait qu'on peut désigner comme un quasi-contrat (1).

Après l'exposé que nous venons de faire, il n'est
pas difficile de voir, que la *condictio ex injusta causa*
n'a absolument aucune ressemblance avec la cause
illicite de l'art. 1131 du Code civ. Cet article exige, en
effet, une juste cause dans toute convention, tandis
que la *condictio ob turpem vel injustam causam*, prise
dans son sens général, implique la nécessité d'une
justa causa pour tout enrichissement, et par suite pour
toute détention. Il y a là deux idées absolument différentes ; ce n'est pas la nécessité pratique d'une cause
dans toute détention que je critique en ce moment,
mais l'utilité des art. 1131 et suiv. qui exigent une
cause dans les conventions.

De tout ce qui précède, on comprend facilement
pourquoi, je ne suis nullement disposé à admettre
l'opinion qui pense que notre Code emploie le mot
cause dans le même sens que nos conditions. Je crois
que soutenir cette opinion, c'est commettre de graves
confusions.

1. Savigny. *Op. cit.*, t. V. App. XIV, § VIII.

CHAPITRE III

On appelle un écrit causé, lorsqu'il contient la raison pour laquelle il a été dressé et signé. Ainsi, lorsque je me reconnais votre débiteur parce que vous m'aviez livré des marchandises, ou donné de l'argent comptant, parce que vous vous obligez de votre part à me louer votre maison, ou à m'en transférer la propriété dans un an, et lorsque la reconnaissance que je vous livre contient *expressis verbis* cette convention, on dit que l'écrit est causé.

La cause d'un écrit est donc la convention qui le précède. La cause d'un écrit est fausse, et l'écrit est faussement causé, lorsqu'il indique comme formant sa raison d'être, une autre convention que celle qui l'a vraiment précédé. Ainsi, par exemple, lorsque je m'oblige à vous donner 100 fr. parce que vous vous êtes obligé de votre part à me rendre tel service, et lorsque dans l'écrit apparent, j'indique comme cause de mon engagement, un *commodat* ou un *mutuum*, on peut dire que l'écrit est faussement causé.

De tout ce qui précède, on peut remarquer notre dissentiment avec la théorie communément admise sur les écrits causés. Je ne suis nullement porté à confondre, comme on le fait, la cause d'un écrit, et la cause d'une obligation. La cause d'un écrit peut être illicite, lorsque la convention qu'il constate est illicite, et cette dernière a ce caractère, lorsqu'elle a pour objet un fait illicite ou en dehors du commerce. La théorie de la cause des conventions, et la théorie de la cause des écrits n'ont, je crois, rien de commun.

La question de savoir quel peut bien être l'effet d'un écrit non causé, c'est-à-dire d'un écrit n'indiquant point la convention qui le précède ; si c'est le porteur ou le souscripteur qui doit faire la preuve de l'existence et de la légalité de la convention qu'il constate, est une question se rattachant, non pas à la cause des conventions, mais à la cause de l'écrit. Ce sont là des distinctions délicates, mais très juridiques, qu'un jurisconsulte ne doit jamais perdre de vue.

Se demander qui doit prouver la cause d'un écrit, c'est se demander qui, malgré l'existence de cet écrit, doit prouver la convention. Cette question a reçu, suivant les époques, des réponses différentes ; faire son historique, ce serait complètement sortir du cadre de mon sujet. Si j'ai cru devoir la poser, c'est que la grande majorité des auteurs, confondent la cause des écrits avec la cause des art. 1131 et 1133, et font

1. V. Bonnier. *Des preuves,* n° 679 et suiv.

l'historique de la dernière en prenant la première pour point de départ. Je n'ai point l'intention de les suivre dans cette voie ; ce que j'examinerai dans ce chapitre, c'est le rôle qui a été attribué à la théorie de la cause, ainsi qu'on l'enseigne aujourd'hui, par les jurisconsultes anciens, et surtout par Pothier.

Dans Beaumanoir, tout d'abord, il nous est impossible de pouvoir relever une théorie d'ensemble sur la notion de la cause. Il emploie quelquefois, il est vrai, l'expression de « convenances par mauvaises causes », pour nous dire qu'elles « ne sont pas à tenir » ; mais il ne faut rien conclure de là ; ce qu'il veut dire en effet, c'est que toute convention doit être licite ; c'est là une idée principale qu'il pose dans les premières pages de son chapitre sur les convenances ; s'il emploie le mot cause dans un endroit, il n'hésite pas plus loin à nous exprimer la même idée d'une façon toute différente; il nous dit : « Convenence qui est faite contre bonnes mœurs, comme si je convenence... ou que je porterai faux tesmong, ou que je batterai aucune personne, ou que je li reprocerai son mal : toutes tex convenences ne sont pas à tenir... il ne sont pas tenu à respondre de tel convenence, car tout ce qui est convenencié por malice fere et contre bone mórs pot, estre rapelés » (1).

Toute convention doit avoir un objet ; si au moment de la convention l'objet avait cessé d'exister, la con-

1. Beaumanoir. *Cout. de Beauvoisis*, XXXIV, 24.

vention, nous dit notre auteur, est de « nule valor ».
Mais dans notre cas, il n'emploie même pas l'expression de cause, il nous dit : « Si aucuns demande aucune
coze par le reson de ce qu'on li a convenencié, et le
coze convenencié n'est pas, on ne pot estre ;...si comme
s'aucun convenence a donner son palefroi blanc, et on
le trouve mort... toutes tes convenences sunt de nule
valor » (1). Le mot *coze* que Beaumanoir se sert dans
le passage que je viens de citer, veut dire *chose* et non
pas cause, je ne comprends même pas comment on a
pu soutenir le contraire (2) ; M. Huc (3) avait donc
raison de dire en parlant de l'art. 1131, qu'il y a là
« le résultat d'une pitoyable équivoque sur le sens et
l'orthographe du mot cause.

Au 17ᵉ siècle, la théorie de la cause semble vouloir
prendre une certaine vitalité. Ainsi Domat (4) nous
donne sur la théorie de la cause des explications assez
nettes, mais qui ne sont pas toujours identiques à celles des auteurs modernes. Et tout d'abord à propos de
la cause des donations, Domat confond la cause et
les motifs, il nous dit en effet : «... l'engagement
de celui qui donne, a son fondement sur quelque
motif raisonnable et juste, comme un service ren-

1. Beaumanoir, *op. cit.*, XXXIV, § 53.
2. Voir par exemple, *Revue générale du droit*. Laborde, année 1881,
p. 351.
3. *Huc. dr. civ.*, T. VII, p. 110.
4. Je suis même tenté de croire que Domat, a été l'inventeur de
cette théorie.

du, ou quelque autre mérite du donataire, ou le seul
plaisir de faire du bien. Et ce motif tient lieu de cause
de la part de celui qui reçoit et ne donne rien (1) ».

Quant à la cause des contrats à titre onéreux, notre
auteur et les jurisconsultes d'aujourd'hui, paraissent
avoir la même opinion. Mais ce qu'il y a de remarquable dans les écrits de Domat c'est qu'il renvoie, pour
renforcer ce qu'il avance, à des textes romains, textes
analysés déjà dans notre chapitre précédent, et qui
emploient le mot cause dans un sens sensiblement différent, comme je crois l'avoir prouvé, de celui qui lui
est attribué par notre code (2).

Au 18e siècle, Ferrière dans son dictionnaire de droit,
nous donne des développements assez longs, sur la
question de savoir quel est l'effet d'un écrit non causé,
mais sur la théorie de la cause elle-même, comme condition indispensable à l'existence même des conventions, je ne trouve dans cette œuvre, que l'indécision
de la phase suivante. « Cause signifie quelquefois la
raison pour laquelle un homme s'oblige envers un autre. » Je crois du reste devoir reprocher à notre auteur
la confusion complète de la convention, avec l'écrit qui
la constate. « Les promesses et obligations, nous dit-
il, doivent avoir une cause légitime *qui y soit énoncée*,
ce qui fait qu'on les appelle obligations ou promesses
causées ; faute de quoi on pourrait leur donner atteinte... etc ».

1. Donnat. *Lois civiles*. Liv. I. Tit. 1er, Sect, I. no 6.
2. Donnat, *op. cit.* même Liv. Tit. et Section, no 5.

Cette confusion de Ferrière est peut-être l'origine d'une erreur analogue, que commet le code civil lui-même dans son art. 1132, lorsqu'il nous dit : « La convention n'est pas moins valable, quoique la cause n'en soit pas exprimée ».

Pothier lui-même paraît avoir eu sur la théorie de la cause une idée toute différente de celle des jurisconsultes modernes. Dans sa définition même il a l'air de confondre la cause et l'objet d'une obligation. « Dans les contrats intéressés, nous dit-il, la cause de l'engagement que contracte l'une des parties *est ce* que l'autre partie lui donne, ou s'engage à lui donner, ou le risque dont elle se charge. « Il ne se met d'accord avec les maîtres d'aujourd'hui, que dans les contrats à titre gratuit. C'est dans l'idée de bienfaisance qu'il trouve leur cause, contrairement à l'avis de Domat.

Après nous avoir donné cette définition, et nous avoir dit que l'engagement n'a aucune cause, ou ce qui est la même chose, lorsque la cause pour laquelle, il a été contracté est une cause fausse, l'engagement est nul, et le contrat qui le renferme est nul », Pothier, nous donne des exemples.

Et tout d'abord, la convention peut avoir une cause fausse, ainsi :

Je crois « faussement vous devoir une somme de dix mille livres, qui vous avait été léguée par le testament de mon père, mais qui a été revoquée par un codicille dont je n'avais pas connaissance ; si je me suis engagé à vous donner un certain héritage en paiement de cette somme, ce contrat est nul parce que la cause de mon engagement, qui était l'acquittement de cette dette est une cause qui s'est trouvée fausse ; c'est pourquoi la fausseté de la cause étant reconnue, non seulement vous ne pouvez avoir d'action pour vous faire livrer l'héritage, mais si je vous l'avais déjà livré, j'aurais action pour vous le faire rendre, et cette action s'appelle *condictio sina causa* ».

Cet exemple de Pothier, est, je le crois du moins, l'exemple classique, d'une convention sans cause (1). C'est le même exemple que Merlin (2) nous donne, en nous disant qu'il rend *très sensible* la nécessité de la cause, ce qui ne l'empêche pourtant pas d'ajouter : « Il est bien sûr que cet engagement est nul. Pourquoi ? Parce que la cause qui en forme la base est fausse, ou *si l'on veut, parce qu'il n'y a point d'obligation sans consentement,* et qu'aux yeux de la loi, se tromper, c'est ne pas consentir : *non videntur qui errant consentire* »

Je comprends à merveille que le contrat intervenu entre moi et le bénéficiaire du legs révoqué, soit un contrat nul, mais ce que je comprends beaucoup moins, c'est la nécessité d'inventer toute une théorie, celle de la cause, pour nous conduire à un résultat, pour lequel on aurait pu fort bien se passer de ce secours.

1. V. Colmet de Santerre, T. V. n° 47 *bis*. Baudry-Lacantinerie, T. II, n° 850.

2. Merlin, *Quest. de dr*. t. II, p. 211.

En analysant le contrat intervenu entre l'héritier et le faux légataire, nous pouvons constater qu'il n'y a là tout simplement qu'une *datio in solutum*. La *datio in solutum* offre une grande analogie avec la vente ; ainsi elle donne lieu en cas de soulte, au privilège du vendeur (1) ; la première comme la seconde engendre l'obligation de garantie (2) ; elle est sujette à transcription lorsque l'objet donné en paiement est un immeuble (3). Comme pour la vente, pour que la *datio in solutum* puisse exister, il vous faut un prix, un objet, et le consentement des parties *contractantes* (4). En l'absence de l'un de ces trois éléments, le contrat ne peut pas se former ; eh bien dans notre hypothèse il y a le prix qui fait défaut. Les parties croyaient que le prix existait, mais en réalité, il en était tout autrement, et c'est pour absence de prix, qu'on peut déclarer le contrat nul (5).

Et puis, si comme le suppose Pothier, l'héritage était livré, c'est dit-il, par une *condictio sine causa*, qu'on pourrait le répéter. Mais justement, cette *condictio*

1. Aubry et Rau T. III p. 168-169, 4me éd.
2. Aubry et Rau T. IV p. 221, même éd.
3. Aubry et Rau T. II p. 292.
4. Le Code civil lui-même regarde la *datio* en paiement comme une véritable vente. Ainsi, par exemple, après nous avoir dit dans l'art. 1535 que le contrat de vente ne peut avoir lieu entre époux » il pose comme exception à cette règle, trois *dationes in solutum* ; c'est dire qu'il les considère comme des ventes.
5. Je suppose que les parties ont entendu que ce serait l'argent légué qui servirait de prix ; autrement la vente ne serait pas nulle, l'héritier pouvant forcer le légataire à recevoir l'héritage vendu moyennant la somme d'argent convenue.

comme je l'ai déjà remarqué, avait pour but la *répéti-tion d'une dation*, c'est-à-dire d'un transfert de pro-priété, qui, dès l'origine, a manqué de cause (1). C'est donc la *datio* dans notre cas, et par conséquent la dé-tention du faux légataire qui n'a pas de cause, puis-que la base primitive de cette *datio* était le legs qui a été révoqué. Si le legs existait, le bénéficiaire aurait possédé *ex causa legati*, après sa révocation il détient *sine causa*, et c'est pour cette raison qu'il doit resti-tuer.

Du reste, toute dation en paiement ne contient qu'une novation par changement d'objet; en se pla-çant donc uniquement sur ce dernier terrain, on au-rait pu, d'une façon très juridique, comme l'ont fait MM. Huc et Laurent, expliquer la nullité du contrat intervenu entre l'héritier et le faux légataire. « La no-vation, en effet, nous dit M. Huc, est un contrat synal-lagmatique, qu'il est impossible de concevoir *sine re*; c'est-à-dire sans une dette à éteindre, formant la con-tre-valeur de la dette nouvelle; or, dans l'espèce, il n'y a pas de dette à éteindre, puisque le legs révoqué est censé n'avoir jamais existé : donc il n'y a pas de no-vation (2).

La cause peut, en second lieu et d'après Pothier, être illicite, et rendre par conséquent nulle la convention

---

1. Accarias *op. cit.* N° 873.
2. V. Huc. *op. cit. dr. civ.* T. VII p. 115. Voir aussi Laurent *op. cit.* T. XVI N° 120.

tout entière. Malheureusement pour notre théorie,
les exemples donnés par Pothier sont loin d'être inattaquables. Il nous donne tout d'abord un cas, très
pratique dans l'ancien droit, paraît-il, d'après lequel
la justice ou les bonnes mœurs « étaient blessés du
côté seulement de la partie qui stipulait ». Il nous dit:
« Une terre seigneuriale a été saisie réellement sur un
débiteur et adjugée par décret, la partie saisie a une
convention avec l'adjudicataire, qu'il lui donnerait une
certaine somme, pour qu'elle lui remît les titres ».
D'après Pothier, cette convention blesse la justice « car
les titres d'une seigneurie sont un accessoire de cette
seigneurie, comme les clefs le sont d'une maison ; or
il est de la nature des choses accessoires, qu'elles appartiennent à celui à qui la chose principale appartient (*accessoria sequuntur jus ac dominium rei principalis*). Les titres appartiennent donc à l'adjudicataire,
l'adjudication, en lui transférant la propriété de la seigneurie, lui a transféré celle des titres: Lorsque la
partie saisie a hypothéqué cette seigneurie, a consenti
qu'à défaut de paiement, le créancier pût la vendre
par décret, elle s'est dès lors obligée à la délaisser
avec les titres à l'adjudicataire, comme si elle l'eût vendue. La convention par laquelle elle exige de l'adjudicataire de l'argent, pour les lui remettre, a donc une
cause qui blesse la justice, et qui la rend nulle ; c'est
pourquoi non seulement elle ne donne aucune
action à la partie saisie, pour exiger la somme qui lui

a été promise, mais si l'adjudicataire l'avait payée, il
aurait l'action contre elle pour la répéter. » Et Pothier
ajoute ultérieurement : « La promesse est valable si
elle a été faite volontairement, et sans que le contractant l'ait exigée, la cause n'étant dans ce cas autre
chose qu'une libéralité que j'ai voulu exercer envers
lui ».

Cette manière d'envisager la question ne me semble
guère ingénieuse, et je crois que la théorie de la cause
n'a rien à faire dans ce cas. Pothier rapproche l'exemple qu'il donne, de l'hypothèse où un vendeur stipule
un prix pour la délivrance des clefs d'une maison. Eh
bien ! peut-on soutenir dans ce dernier cas, comme le
fait Pothier, que la convention soit nulle pour cause illicite ? Je diviserai la question en deux hypothèses différentes :

A) Lors de la vente de la maison, l'acheteur a consenti à donner un prix particulier pour les clefs, qui
d'après la convention explicite des parties, n'entraient
pas comme accessoire dans la vente primitive. C'est
l'hypothèse de Pothier, et je ne vois pas trop pourquoi
cette convention ne serait pas parfaitement légale, et
où l'acheteur se baserait pour l'attaquer ? Sur l'illéga-
lité de la cause ? Mais la cause de son obligation à lui
de payer le prix, n'est que la contre-obligation du vendeur de lui transférer la propriété des clefs. Va-t-on
nous reprocher de ne pas tenir compte de l'art. 1615 du
C. civ. qui nous dit que « l'obligation de délivrer la

chose comprend ses accessoires, et tout ce qui a été
destiné à son usage perpétuel » ? Mais tout le monde
est d'accord pour n'attribuer à cet article (qui n'est
que la traduction de la règle *accessorium sequitur jus
principalis*),rien de plus qu'un sens interprétatif de la volonté tacite des parties ; rien ne peut donc les empêcher
d'y déroger par une convention expresse. Je sais bien
que, d'après l'art. 6 de notre Code, « les conventions
particulières ne peuvent déroger aux lois qui intéressent l'ordre public et les bonnes mœurs », mais sûrement l'art. 1615 n'est pas de ces lois-là. La convention
spéciale par laquelle un prix à part est stipulé pour
les instruments aratoires de ma ferme que je vous
vends, n'a rien d'illicite, pourquoi donc serait-elle illicite, la stipulation d'un prix à part pour les clefs de
cette ferme ? Dans les deux cas, ne nous trouvons-
nous pas devant des immeubles par destination (art.
524 al. 1), et par suite, au même titre, accessoires de
l'immeuble principal ?

B) Supposons à présent, qu'aucune convention particulière, ne soit intervenue au moment de la vente entre les parties contractantes. Dans ce cas, l'art. 1615
devra être appliqué, et le vendeur n'aura sûrement pas
le droit de demander un prix spécial pour la délivrance des clefs ; s'il le fait,on pourra le repousser par
une exception tirée de l'art. 1615, et si on payait par
erreur, on pourrait répéter par une *condictio in debiti*,
car le paiement n'aurait pas de cause, et nous avons

déjà remarqué qu'il ne faut pas confondre la cause du paiement et la cause des conventions.

Voyons à présent l'exemple que Pothier nous donne de la cause illicite, lorsque celle-ci blesse la justice de la part des deux parties. « Un officier a promis une certaine somme à un soldat, s'il se battait en duel contre un soldat d'un autre régiment ». Notre auteur nous dit que la cause de cet engagement blesse la justice des deux parts, et conclut que le soldat ne pourra pas, après le duel, exiger la somme promise par l'officier, mais que l'officier non plus ne pourrait pas reprendre la somme, s'il l'avait payée. La solution donnée par Pothier nous paraît d'une exactitude absolue, mais je crois qu'il aurait pu fort bien arriver à un résultat identique en disant que c'est l'objet de l'obligation qui est illicite.

En étudiant les exemples cités par Pothier, j'ai été frappé de ce que le préparateur du Code renvoyait aux textes du Digeste, pour donner plus de force à ce qu'il avançait. Mais j'ai déjà remarqué, et je ne saurais trop revenir sur ce point, que la *condictio sine causa* dans son sens général, et la *condictio ob turpem vel injustam causam*, n'étaient que des actions en répétition, basées sur ce que le détenteur actuel de la chose révoquée, s'était enrichi sans raison, c'est-à-dire que la cause de sa détention, ou n'avait pas existé, ou avait cessé d'exister, ou était illicite. On ne s'est *jamais* servi en droit romain de ces différentes *condictiones* pour déclarer *non avenue une convention*, et c'est justement dans ce cas qu'on applique aujourd'hui la théorie de la cause. J'examinerai bientôt quelle peut bien être l'utilité de cette application, mais ce que je crois devoir constater pour le moment, c'est qu'il ne faut nullement confondre la cause de notre Code, et celle des *condictiones* romaines. Malheureusement l'auteur dont les ouvrages ont servi de fondement à notre Code, avait commis cette étrange confusion ; ses rédacteurs, suivant trop servilement peut-être les traces du maître, n'ont même pas essayé de la relever. Les jurisconsultes français n'ont depuis cessé de la défendre. Je me demande après cela, si Demolombe avait raison de s'étonner, de l'obscurité historique qui règne sur notre matière ?

CHAPITRE IV

Si le droit romain et nos anciens auteurs n'ont pas pu nous fournir sur la théorie de la cause, de sérieux précédents historiques, il ne faut pas non plus rechercher dans les travaux préparatoires des éclaircissements sur notre matière.

Et tout d'abord, dans les différents projets du Code civil que Cambacerès présenta à la Convention, nous ne trouvons nulle part de dispositions légales, correspondant aux art. 1131 et 1133 de notre Code. Nous rencontrons, il est vrai, le mot cause dans son discours préliminaire ; mais lorsque le deuxième consul nous disait que « l'obligation dérive de deux causes : souvent elle naît d'une convention, ou plutôt elle en est inséparable ; quelquefois la loi suppose que la convention existe, et c'est elle alors, qui forme l'obligation (1). La loi et les conventions sont donc les deux sources des obligations ». Il employait incontestablement notre expression, dans un sens tout différent de celui

1. Fenet, T. I, p. 65 et suiv.

que lui attribuent les art. 1131 et 1133 de notre code.
Le mot cause signifiait source, et Cambacerès voulait
dire tout simplement, que toute obligation dérive
d'une convention, ou de la loi, comme nous disons
aujourd'hui en développant cette idée, que toute obligation dérive, 1° d'un contrat, 2° d'un quasi-contrat,
3° d'un délit, 4° d'un quasi-délit, 5° de la loi.

Les auteurs du code civil n'ont point suivi l'exemple de Cambacerès ; les art. 28, 29 et 30 du projet,
destinés à devenir les art. 1131 et suivants de notre
code, furent adoptés après des explications confuses et
vagues. Ainsi, il est bien difficile de comprendre l'idée
de Bigot-Préameneu, lorsqu'il disait, « l'obligation
d'un citoyen est valable, parce que la déclaration qu'il
doit, fait présumer une cause, la volonté de s'engager
a dû en effet être appuyée sur un motif » (1). Mais
puisque la déclaration qu'on doit, fait présumer une
cause ou un motif, à quoi bon rechercher ces éléments ? Et puis, est-il bien sûr que dans l'esprit de
notre auteur, la cause et le motif ne se confondaient
pas ? Il n'y a là rien de certain ; je sais bien qu'on
pourra m'opposer en faveur de l'opinion adverse, un
autre passage, à propos de l'erreur, du même jurisconsulte, d'après lequel « l'erreur sur les motifs d'une
convention n'est une cause de nullité, que dans le cas
où la vérité de ces motifs peut être regardée comme
une condition dont il soit clair que les parties ont

1. Locré, t. XII, p. 139, n° 27, exp. des motifs.

voulu faire dépendre leur engagement » (1). Tandis que l'erreur sur la cause devait, d'après l'art. 28 du projet, avoir des résultats tout différents. Mais conclure de tout cela, et en l'absence de toute distinction expresse entre la cause et le motif chez Bigot-Préameneu, que cet auteur en faisait une, ce serait une conjecture susceptible d'une très sérieuse discussion.

Tronchet (2), de son côté, nous déclare que « le défaut d'énonciation de la cause, n'est pris en considération que quand l'obligé est mineur, ou qu'étant majeur, il justifie qu'on l'a surpris ou trompé ». Mais il y a là une question de preuve absolument distincte de la théorie de la cause elle-même. J'examinerai du reste ultérieurement cette question dans les détails de laquelle ce serait un défaut de plan, que d'arriver en ce moment.

Quant à Portalis, il confond tout: « Dans les contrats intéressés, nous dit-il, la cause est l'intérêt, c'est-à-dire, l'avantage que les parties trouvent à les faire. Dans la vente, cet intérêt est, pour le vendeur, d'avoir le prix représentatif de la chose, plutôt que la chose même, pour l'acheteur d'avoir la chose, plutôt que la somme d'argent qui en représente la valeur. Ceci posé, on sent qu'il n'y a de cause dans la vente, que lorsque le prix est en proportion avec la valeur de la chose

1. Locré, t. XII, p. 319.
2. Locré, t. XII. p. 139, n° 27. exp. des motifs.
3. *Portalis*. Discours au conseil d'Etat. Séance du 21 nivôse an XII (12 janv. 1804). Locré, t. XIV, p. 77-8, n° 1.

vendue. Si donc il existe une lésion énorme, si le prix et la valeur de l'objet vendu sont hors de toute proportion entre eux, il n'y a certainement plus de cause ».

Cette idée de Portalis, ainsi que la manière dont elle est exprimée, nous paraît très critiquable ; le célèbre orateur et jurisconsulte confond, nous le croyons du moins, le prix, condition nécessaire pour qu'il y ait vente, et la cause du contrat de vente. Je ne consacrerai pas de longues pages à le démontrer.

CHAPITRE V

L'élude à laquelle je me suis livré jusqu'à présent, peut nous fournir les propositions suivantes : 1° au point de vue rationnel, et en ce qui concerne les contrats synallagmatiques, la notion de la cause, *telle du moins qu'on nous la présente*, est une théorie qui ne peut pas tenir debout ; 2° Le droit romain ne l'a jamais ni connue, ni appliquée ; 3° Les auteurs de l'ancien droit ne nous donnent sur elle que des notions contradictoires et d'une très douteuse précision. Notre tâche se trouve donc bien réduite ; ce que je m'efforcesai de faire dans les pages qui vont suivre, en commençant par les contrats synallagmatiques, ce sera de prouver que même en pratique, la théorie de la cause est d'une parfaite inutilité. Mes efforts ne seront pas du reste bien grands ; si j'ai démontré en effet que les fondements de ce monument juridique faisaient complètement défaut, il ne me sera pas difficile de conclure que le monument tout entier, ne peut que s'écrouler sous son propre poids ; pour arriver à ce résultat, je

serai obligé de me placer sur le même terrain que les
partisans de notre théorie. J'accepterai pour le moment la possibilité de son existence.

Je diviserai ce chapitre en deux sections. Dans la première j'examinerai si la théorie de la cause, telle que
nos maîtres les plus éminents ont voulu l'appliquer,
peut se comprendre en pratique, opérant dans un contrat synallagmatique, à côté du consentement, en vertu
d'une force propre et détachée, ou si au contraire l'absence de cause amène forcément avec elle le défaut du
consentement ; j'examinerai ensuite, si l'inexistence
de la cause, sa fausseté, ou son caractère illicite, ne
supposent pas nécessairement l'inexistence ou le caractère illicite de l'objet. Dans la seconde, j'analyserai
les applications de la théorie de la cause, que la jurisprudence a faites, et je tâcherai de démontrer que, ou
bien elle pouvait arriver au même résultat pratique,
par d'autres moyens plus simples et plus concrets ; ou
qu'au contraire, les décisions qu'elle nous a données
ne cadrent nullement avec le cercle de notre théorie,
tel du moins que l'unanimité des jurisconsultes modernes, a été obligée de le poser.

Section I.

Lien qui rattache la cause au consentement et à l'objet.

J'ai déjà eu l'occasion de constater les liens étroits

qui unissent la cause et le consentement. Et tout d'a-
bord, quant à l'absence de cause, tous les auteurs sont
à peu près d'accord pour penser qu'un engagement
sans cause n'est qu'un acte de folie ; mais s'il n'y a que
les fous qui peuvent contracter, et par suite s'obliger
sans raison même apparente, le plus intelligent des
mortels peut, en se basant sur des considérations fausses, sur des faits réellement inexacts, donner volontiers
son consentement à tel ou tel autre contrat. Dans le
premier cas, l'absence de cause se confondra en fait avec
l'absence de consentement ; dans le second, malgré
l'absence de cause, le consentement existe, et ce n'est
qu'à raison du défaut du premier élément, que le contrat devra être déclaré nul.

Plusieurs auteurs semblent pourtant vouloir pousser
jusqu'au bout les effets du lien unissant la cause et le
consentement. D'après cette dernière opinion, la cause
fausse ne serait capable que d'engendrer un consentement vicié. L'art. 1131 ne ferait ainsi que déclarer,
qu'il n'est pas possible « d'attribuer un effet juridique
à une volonté viciée dans son principe déterminant (1). »

Cette manière de voir, qui fait de la fausseté de la
cause un vice de consentement, m'inspire les réflexions suivantes :

a. Le Code, dans son art. 1109 et suiv. nous indique
trois faits qui peuvent vicier le consentement : l'erreur,
la violence et le dol ; quant à la lésion, je la laisse de

1. Colmet de Santerre, *Dr. civ.*, n° *47 bis*, II, *in fine*, t. V.

côté, elle ne vicie, en effet, les conventions, que dans
certains cas et à l'égard de certaines personnes.
Le code ne considère nulle part, à tort ou à raison, la
fausseté de la cause comme un vice du consentement.
Il voit dans la cause un élément nécessaire à la formation de tout contrat, élément indépendant du consentement même.

b. Si, non pas d'après le Code, mais du moins en fait,
la fausseté de la cause n'entraîne la nullité des conventions, que parce que le consentement lui-même est
vicié, comment se fait-il que cette fausseté entraîne
avec elle une nullité absolue et radicale du contrat, et
non pas une nullité relative, telle que les autres vices
du consentement, erreur, violence ou dol, sont tout au
plus capables d'engendrer? Comment se fait-il que M.
Colmet de Santerre nous dise à propos de la cause,
qu'il est impossible d'attribuer un effet juridique à une
volonté viciée, tandis que le Code lui-même, ainsi que
la plupart des législations anciennes et modernes, attribuent de nombreux effets juridiques au consentement vicié par dol, erreur, ou violence ?

Je crois qu'il nous serait impossible de justifier entièrement la proposition de l'éminent professeur. La
fausseté de la cause, comme la fausseté de tout autre
motif qui m'a poussé à faire un acte, comme la
fausseté de certaines qualités essentielles d'un objet,
pour lesquelles j'ai voulu l'acheter, vicient en
effet mon consentement ; mais il faut bien se garder

d'ajouter que c'est en se fondant sur ce vice que le législateur refuse des effets juridiques à la convention basée sur une cause fausse. Ce raisonnement n'aurait d'autre résultat que de rendre les auteurs de notre code inconséquents avec eux-mêmes. Tout le monde est en effet d'accord pour penser que le consentement, malgré les vices qu'il contient, est en somme un consentement, maladif si vous voulez, mais au moins capable d'engendrer des obligations. Ma *voluntas* est viciée soit, mais *nihilominus est voluntas* disaient les Romains.

Pourquoi donc le code, dérogeant à sa manière habituelle de voir les choses, refuse-t-il ici un effet quelconque à ce consentement donné par erreur ? Pourquoi, si en somme la fausseté de la cause n'est qu'un vice du consentement, entraîne-t-elle une nullité radicale ? La réponse ne nous paraît pas difficile. Les auteurs du code ne pouvaient pas agir autrement. La théorie de la cause, telle du moins qu'ils la comprenaient, était une théorie se rattachant, non pas seulement à celle du consentement, mais une théorie ayant de plus, des liens beaucoup plus intimes avec l'objet même de la convention.

Et tout d'abord, je ne pense pas que la démonstration de cette idée puisse faire grande difficulté sur le terrain des conventions bilatérales, sur lequel je me suis uniquement placé. Les partisans les plus convaincus de la théorie de la cause, ont déjà remarqué, en effet, les uns, une certaine analogie, les autres, une similitude entre l'objet et la cause.

Ainsi nous constatons tout d'abord, dans Larombière, le langage suivant : « Dans tout contrat, dit-il, l'objet est tour à tour cause et objet, suivant le point de vue auquel on le considère. Je vous vends ma maison dix mille francs ; la maison, voilà l'objet du contrat de la part du vendeur, qui s'oblige d'ailleurs à cause de dix mille francs ; les dix mille francs voilà l'objet du contrat de la part de l'acquéreur qui contracte de son côté à cause de la maison, et c'est pour cela que la théorie de l'objet des contrats a bien des points communs avec celle de leur cause. »

MM. Aubry et Rau nous disent de leur côté. « La théorie de la cause en ce qui concerne ces contrats, (les contrats commutatifs ou aléatoires) se rattache donc à celle de l'objet. Quand il s'agit de l'objet des conventions on envisage en elle-même et isolément la prestation due par chacune des parties ; quand on s'occupe de la cause, on apprécie les prestations respectivement dues par les contractants en les opposant l'une à l'autre. »

En 1881 M. Laborde, dans un article publié à la Revue générale du droit, après avoir commencé par nous dire que la théorie de la cause « mérite d'être vulgarisée, » et qu'il se proposait « de répondre aux critiques adressées au législateur », finit par avouer que sans confondre « l'objet et la cause, il admet que la théorie de la cause puisse être suppléée par celle de l'objet dans les contrats synallagmatiques. » (1).

Quant à Demolombe, il va beaucoup plus loin : « ces deux éléments, nous dit-il, *se confondent* et la cause devient l'objet, comme l'objet devient la cause ; avec cette différence seulement que, lorsqu'il s'agit d'apprécier l'objet même de la convention, on considère isolément, d'une manière absolue, les prestations fournies ou promises par chacune des parties, tandis que lorsqu'il s'agit d'apprécier la cause, on considère ces prestations d'une manière relative et comparée en les opposant l'une à l'autre. » (2).

M. Baudry-Lacantinerie critique cette manière de voir. La cause d'une obligation, dit-il, est non pas l'objet de la contre-obligation, mais la contre-obligation elle-même, qui sert ainsi d'intermédiaire entre le premier contractant et l'objet de l'obligation du second (3). Je ne repousse pas en principe cette idée. Certainement autre chose est la cause, telle du moins qu'on nous la présente, et autre chose l'objet d'une convention. Mais ces deux théories, entre lesquelles de profondes différences paraissent exister tout d'abord, conduisent nécessairement en fait à des *résultats absolument identiques,* de sorte qu'en somme la seconde fait double emploi avec la première. Les art. 1108, al. 5,

---

1. *Revue générale du droit, de la législ. et de la jurispr.* Année 1881, p. 343 et suiv.
2. Demolombe. *Dr. civ.* T. XXIV. N° 348.
3. Baudry-Lacantinerie. *Précis de dr. civ.* T. II. N° 847.

1131 et 1133, ne sont donc que la répétition des art.
1108, al. 4, 1126 à 1130 de notre code.

La théorie de la cause, ai-je dit, nous conduit à des
résultats pratiques, identiquement pareils à ceux de la
théorie de l'objet (1). Qu'est-ce donc que l'objet d'une
convention ? L'objet d'une convention synallagmatique
comprend, comme je l'ai déjà dit, les objets de deux ou
plusieurs obligations réciproques que la convention
aura pour effet d'engendrer. C'est là une idée, qu'on
doit nécessairement admettre, faute de quoi on serait
obligé de ne pas pouvoir définir ce que c'est que l'objet d'une convention. On ne se trompe peut-être pourtant pas, lorsqu'on dit que l'objet d'une vente est la
chose vendue, mais pour être exact on devrait dire aussi,
que l'objet de l'achat est le prix. Les mots vente ou
achat sont insuffisants, en effet, pour nous donner une
idée nette de la convention tout entière, ils ne nous

1. La parenté qui unit la cause et l'objet est tellement rapprochée,
que des auteurs distingués enseignent qu'il peut y avoir des nullités re-
latives pour cause fausse. lorsque l'erreur porte, non pas sur la cause
elle-même, mais sur ses qualités substantielles. Ainsi Mourlon, d'après
Valette, nous dit : « L'obligation sur fausse cause n'est pas seulement
annulable, elle est nulle. Toutefois il en est autrement lorsque l'erreur
ne porte que sur la substance de la cause. Vous avez cru acheter un tableau de Rubens, ce tableau n'est qu'une imitation ; votre obligation
n'est pas absolument dénuée de la cause sur laquelle elle repose, mais
sa cause n'a pas la qualité principale substantielle, que vous aviez eue
en vue en contractant. Dans cette hypothèse, votre obligation subsiste
puisqu'elle a une cause ; mais elle est imparfaite, annulable, puisque sa
cause est elle-même imparfaite ». Mourlon, II, N° 1103. L'ensemble de
cette citation démontre à n'en pas douter, une confusion complète entre
la cause et l'objet. V. aussi Demante et Colmet de Santerre, op. cit. T.
VIII, N° 189.

la montrent que sous un seul de ses aspects, et quant
à moi, je préfère de beaucoup les expressions romaines d'*emptio-venditio* ou de *locatio-conductio* ; elles ont
l'avantage de définir toutes les faces de la convention.
Eh bien, l'objet d'une *emptio-venditio* d'une maison c'est
tout d'abord la maison et puis le prix. Mais pour que le
contrat tout entier puisse exister, il faut nécessairement
que l'objet, c'est-à-dire la maison et le prix, soient dans
le commerce. Si l'un ou l'autre fait défaut, ce ne sera
pas uniquement l'obligation de l'acheteur ou du vendeur qui ne pourra pas prendre naissance, *mais le contrat tout entier*, et par suite l'obligation de l'un *et* de
l'autre.

Le langage que j'emploie diffère sûrement de
celui des jurisconsultes modernes les plus éminents.
D'après eux, l'une des obligations est dans notre espèce
nulle faute d'objet ; l'autre obligation est ensuite nulle
faute de cause, parce que la première qui lui servait de
cause est nulle faute d'objet ; le contrat en troisième
lieu est aussi nul faute d'objet et de cause.

Cette manière de voir me paraît pécher à deux points
de vue. Elle ne tient pas compte tout d'abord du lien
intime que la volonté des parties a voulu attribuer aux
différentes obligations naissant du même contrat, ainsi
que de la raison unique qui les empêche de naître.
Elle laisse ensuite de côté les articles de notre Code,
qui déterminent les conséquences du défaut d'objet. Le
Code ne se borne pas, en effet, à exiger pour *la validité
d'une telle obligation* un objet réunissant certaines con-

ditions; il exige, et avec raison, que toute obligation ait un objet, *mais pour la validité du contrat tout entier*; « Quatre conditions, nous dit-il, sont essentielles pour la validité d'une *convention...* » et l'objet de l'obligation en est une, de sorte que si l'objet d'une obligation n'existe pas, le contrat *tout entier* est nul, parce qu'un élément essentiel à son existence fait défaut, et non pas seulement l'une de ses obligations.

Dès que dans une convention, l'objet, élément essentiel, manque, l'existence de la cause, telle qu'on l'entend, ne peut pas non plus se comprendre. Une convention nulle faute d'objet est inévitablement nulle faute de cause. Un exemple fera mieux comprendre ce que je viens d'avancer dans les pages qui précèdent. Je suppose la vente d'une maison incendiée la veille. Le contrat est nul, non parce que mon consentement d'acheter la maison était vicié comme étant basé sur une cause fausse, car alors le législateur aurait dû frapper le contrat d'une nullité relative, ainsi qu'il le fait pour les autres vices du consentement. Le contrat est nul parce que l'objet de la convention fait défaut, et il est par conséquent frappé d'une nullité radicale en vertu des principes universellement admis sur cette matière. Mais le contrat est aussi nul faute de cause, puisque d'après les partisans de notre théorie, une cause dans l'obligation est nécessaire pour l'existence de la convention. Ce qui sert en effet de cause à l'obligation de l'acheteur est l'obligation du vendeur de livrer la maison, obligation nulle faute d'objet. Puisqu'il en est ainsi, on voit immédiatement pourquoi notre législateur était obligé, en donnant à notre cause le sens qu'il lui a donné, d'attribuer comme conséquence de son défaut la nullité absolue du contrat. Un contrat nul faute de cause est nécessairement aussi nul faute d'objet ; comment donc le législateur aurait-il pu déclarer un même contrat, tout d'abord, et en vertu d'une première raison, frappé d'une nullité radicale, et puis, en vertu d'une seconde, d'une nullité relative ? Ce serait assez inconséquent.

D'après ce qui précède, on s'aperçoit aisément pourquoi je suis porté à rattacher l'art. 1131, non pas uniquement à la théorie du consentement, mais beaucoup plus à la théorie de l'objet des conventions. Je laisserai donc absolument de côté la question du consentement, et je tâcherai de démontrer, que même sur le terrain de la pratique, une convention bilatérale, nulle faute de cause, est aussi nulle faute d'objet, puis poussant à l'extrême les conséquences de l'intimité du lien qui unit ces deux éléments, je démontrerai qu'une convention nulle pour cause illicite, est aussi nulle parce que son objet ne réunit pas les conditions nécessaires exigées par l'art. 1128 de notre code. Ces différentes questions feront l'objet de la seconde section de mon chapitre, à laquelle j'arrive immédiatement.

Section II

Tout contrat synallagmatique nul pour absence de cause, pour cause fausse ou illicite, est nécessairement nul pour défaut d'objet, ou à raison du caractère illicite de ce dernier.

I. — *Preuve et développement de cette théorie en ce qui concerne les obligations sans cause ou sur cause fausse.*

Pothier plaçait sur la même ligne l'absence et la fausseté de la cause ; les auteurs modernes ont l'habitude non seulement de distinguer ces deux faits, mais de plus, d'établir certaines distinctions complémentaires, qui, même pour qui accepterait la possibilité de la théorie de la cause, sont loin d'être d'une parfaite exactitude. Ainsi, ils divisent la cause fausse d'une obligation en cause erronée et cause simulée (1). Je crois que cette distinction peut entraîner l'esprit à certaines confusions. La cause fausse d'une obligation est inévitablement une cause erronée, ou plutôt ces deux expressions sont absolument synonymes. La cause simulée est, au contraire, en dehors du cadre de cette expression. Ce qui est faux dans la cause simulée est, non pas la cause de l'obli-

1. La jurisprudence elle-même emploie bien souvent l'expression de cause fausse, là où en somme il n'y a qu'une cause simulée. V. un arrêt de la Cour de cass. du 9 mai 1866. Dall. 66. 1, 246.

gation elle-même, mais la cause indiquée dans l'écrit qui la constate. Cette dernière fausseté, du reste, ne joue absolument aucun rôle sur la validité ou la non-validité de l'obligation ; on ne peut donc pas soutenir que la cause simulée soit une cause fausse. S'il en était ainsi, il faudrait, pour être conséquent, attribuer à la première comme à la seconde les mêmes effets juridiques, ce que les auteurs mêmes qui proposent la distinction sont loin de vouloir accepter. Je laisse donc de côté le cas de simulation de cause, puisque cette simulation prise en elle-même, ne peut avoir aucun effet sur la valeur de la convention, et je commence la démonstration de ma thèse, par l'examen des différentes applications de la théorie de l'absence de cause que, soit la doctrine, soit la jurisprudence, ont voulu faire jusqu'à présent. Cet examen prouvera à merveille la justesse de ma manière de penser.

Un premier exemple qu'on donne ordinairement d'une obligation sans cause, c'est l'hypothèse d'une obligation ayant des causes successives, qui viennent à cesser. Ainsi dans le cas de bail, dit-on, le preneur a, pour cause de son obligation de payer les loyers, la contre-obligation du bailleur, successive celle-là, de lui procurer la jouissance de la chose ; eh bien, depuis le moment de la perte de la chose louée, l'obligation du preneur de payer le prix cesse, parce qu'elle n'a pas de cause. Je ne m'attarderai pas beaucoup à prouver qu'on pouvait fort bien se passer de la théorie de la cause dans notre

hypothèse, je n'ai qu'à renvoyer à ce que j'ai déjà dit à
la page 26 de mon second chapitre, et dans laquelle je
démontre comment les Romains arrivaient à un résultat pareil, en dehors de toute idée de cause.

Dans les annales de la jurisprudence, nous trouvons
un arrêt, très ancien, il est vrai, de la cour de Metz,
ayant fait une application assez curieuse de la théorie
de la cause. Oubliant complètement le contenu de
l'art. 1120 de notre code, d'après lequel on peut se porter fort pour un tiers en promettant le fait de celui-ci,
elle a déclaré nulle, comme n'ayant pas de cause, la
clause de porte-fort, par laquelle les majeurs qui ven-
dent un immeuble indivis, dont ils sont co-propriétai-
res avec des mineurs, garantissent l'acquéreur de toute
éviction ultérieure de la part de ces derniers. Je ne vois
pas trop ce qu'avait à faire la cause dans notre cas. La
cour de Metz a peut-être fait le raisonnement suivant :
les stipulations ou promesses pour autrui, ne peuvent
pas faire l'objet d'une convention, d'après l'art. 1119 ;
l'obligation donc du promettant est nulle faute d'objet ;
mais l'obligation du stipulant elle-même est nulle faute
de cause, puisque l'obligation qui lui sert de cause est
nulle. La cour de cassation a fait justice de cette manière de voir. Et tout d'abord, si l'art. 1119 était applicable dans notre cas, on n'avait qu'à l'appliquer purement et simplement, sans y mêler la notion de la cause ;
mais de plus, la convention dont il s'agissait rentrait
incontestablement dans les termes des art. 1120 et 1121,

dont elle est aujourd'hui une des principales applications.

Un arrêt de la Cour d'Angers de 1866 (1), nous offre un autre exemple de l'inévitable confusion qui doit exister entre la cause et l'objet ; d'après cet arrêt, « l'acte par lequel un successible s'engage envers ses cosuccessibles, pour éviter toute contestation, à partager avec eux, après le décès de l'auteur commun, une somme qui lui aurait été léguée par ce dernier, est nul comme contenant une obligation sans cause etc. ». Que l'acte soumis à la Cour, dans l'hypothèse qui lui a été présentée, ait été un acte nul, c'est un point que j'accepte volontiers. Nous avions là, en effet, un pacte sur succession future, et tout le monde sait que l'art. 1130 de notre Code, renouvelant une règle déjà posée par l'art. 791, prohibe et place pour ainsi dire en dehors du commerce, l'objet de ces *pactiones odiosæ*, comme disait la loi romaine. Je n'ai pas à m'occuper des considérations d'ordre public qui paraissent avoir poussé le législateur à agir ainsi ; ce que je dois remarquer, c'est que même en l'absence de la théorie de la cause, la Cour d'Angers n'aurait pas pu décider autrement. La convention est nulle parce que son objet est en dehors du commerce, la théorie de la cause n'a rien à faire dans tout cela. Il en serait tout autrement de la validité de la convention, si la succession était déjà ouverte, la convention serait dans ce cas pleine-

1. Angers, 7 mars 1866. Dall. 66, 2, 23.

ment valable, car elle aurait pour objet une chose *in
commercio*. Cette manière de voir a été acceptée par la
Cour de cassation dans un arrêt récent (1). Il s'agissait,
dans l'espèce, d'une convention par laquelle, après le
décès d'un de leurs parents, deux personnes ignorant
leurs droits héréditaires, stipulent que, quels qu'ils
soient, elles partageront par moitié la part revenant à
l'une d'elles, ou les deux parts revenant à l'une et à
l'autre. On a pourtant, même dans cette dernière hypothèse, invoqué la nullité de la convention, en se basant
sur la théorie de la cause de la façon suivante : Lorsqu'il y a succession déjà ouverte, a-t-on dit, la convention intervenant entre deux personnes ayant des
chances successorales, mais dont les droits et les parts
respectifs ne sont pas encore fixés, est une convention
sans cause, et cela dans l'hypothèse où, d'après les
démonstrations ultérieures, l'une seulement de ces
personnes serait héritière. L'obligation, en effet, qu'elle
aurait contractée, de partager sa part de succession
par moitié avec l'autre, aurait eu sá cause dans une
obligation pareille de son cocontractant. Mais cette
dernière obligation n'aurait jamais pu naître faute d'objet, le titulaire n'ayant jamais été héritier. L'éventua-
lité donc sur laquelle se fonderait la promesse serait
irréalisable, l'aléa n'existant pas. Cette opinion n'a pas
été acceptée par la Cour suprême. L'aléa, en effet, a
sûrement une existence suffisante, pour qu'il puisse

1. Cass. 19 avr. 1882. Dall. 83. 1. 77.

former la base d'une convention aléatoire, lors même
que l'évènement incertain n'a cette qualité qu'uniquement dans la pensée des parties contractantes ; et pour
revenir à notre espèce, le gain ou la perte de l'une ou
de l'autre des parties dépendait d'un événement dont
l'issue était, au moment du contrat, complètement inconnue d'elles. Cet événement était la fixation du degré de parenté de chacune des parties ; du reste, nous
voyons dans notre hypothèse les partisans de la théorie que je combats, poser comme cause d'une convention aléatoire, l'aléa lui-même. Ce serait un défaut de
plan que d'examiner ici cette nouvelle acception du
mot cause. Je me réserve de le faire ultérieurement ;
pour le moment je critique le sens qu'on donne habi-
tuellement à la théorie de la cause, et d'après lequel
dans un contrat synallagmatique, l'une des obligations
sert de cause à l'autre. Je continue donc à démontrer
que toutes les fois qu'une convention a été en fait
déclarée nulle pour défaut de cause, elle aurait pu
l'être pour défaut d'objet.

Un exemple frappant de cette affinité qui doit exister entre la cause et l'objet, ressort de l'application suivante de notre théorie. La loi de 1872, dit-on quelquefois, « d'après laquelle tout Français doit le service militaire personnellement, a rendu sans cause, et dès lors
sans effet, les contrats passés antérieurement avec les
associés d'assurances mutuelles, dans le but de faciliter aux assurés l'éxonération du service militaire (1) ».

1. *Répertoire des Pand. fr.* Oblig. T. II, n° 7695.

Que la loi de 1872 ait eu pour effet d'annihiler ce genre de conventions, nul n'en doute ; mais ce que je crois ne pas devoir admettre, c'est la nullité de ces conventions pour défaut de cause. La loi de 1872 avait eu tout simplement pour effet de placer l'objet de l'obligation de la compagnie d'assurances en dehors du commerce ; eh bien, l'art. 1128, d'après lequel « il n'y a que les choses qui sont dans le commerce qui puissent faire l'objet des conventions, » était, je crois, très suffisant pour pouvoir annuler la convention tout entière. Lorsque, en effet, l'objet d'une convention n'est pas dans le commerce, la convention est frappée d'une nullité radicale, non pas uniquement à tel ou tel autre point de vue, mais dans son ensemble ; la raison d'une telle nullité est le défaut d'objet ; si l'objet était dans le commerce, la convention tout entière serait valable, et la cause, tel qu'on l'entend aujourd'hui, aurait nécessairement existé (1).

La loi de 1872 n'est pas la seule qui ait eu pour ef-

---

1. On peut remarquer une hypothèse analogue dans une décision de la Cour de Besançon du 18 novembre 1872, maintenue par la Cour suprême dans un arrêt du 30 juillet 1873 et rapporté dans Dalloz, 73, 1, 330. « Il s'agissait d'un individu qui s'était faussement cru incorporé dans l'armée active et avait traité pour son remplacement avec un ancien militaire. » La cour a décidé que cette convention était nulle « parce que l'engagement de l'un n'avait pas d'objet, et celui de l'autre n'avait point de cause ». Mais, peut-on objecter, l'absence de l'objet a pour effet d'annuler *la convention* tout entière, et non pas seulement l'obligation de l'un des contractants, (art. 1100) de sorte que je ne vois pas trop quel genre d'utilité la notion de la cause pouvait bien présenter dans notre cas.

fet de placer l'objet d'une convention en dehors du commerce. Je puis en citer un certain nombre ayant eu des effets pareils. J'ai déjà parlé des art. 731 et 1130 du C. civ. qui prohibent les pactes sur succession future. On peut ajouter l'art. 314 du C. p. et l'ord. du 23 févr. 1837 prohibant certaines armes, ainsi que la loi du 19 juillet 1845 qui ne permet la vente des substances vénéneuses qu'avec d'importantes restrictions ; les lois des 4 avril 1789 et du 6 octobre 1791 ayant eu pour but de prohiber la vénalité des offices. Ces lois de l'époque intermédiaire ont, du reste, été abolies en partie par la loi du 28 avril 1816, art. 91. Cette dernière a eu pour effet de remettre dans le commerce, non pas la fonction elle-même, mais la présentation par l'officier ministériel de son successeur. Eh bien, dans tous ces cas, on n'a jamais eu l'idée, à ma connaissance du moins, de faire intervenir la théorie de l'*absence* de cause. L'objet de la convention n'étant pas dans le commerce, tout le monde voyait là une raison très suffisante pour la nullité du contrat. C'est absolument pour la même raison qu'on aurait dû déclarer nulle la convention intervenant avec les sociétés d'assurances mutuelles, dans le but de faciliter aux assurés leur remplacement dans l'armée. La théorie de la cause n'a donc aucune utilité spéciale même dans notre hypothèse.

A la théorie du défaut de cause on a voulu donner aussi une application essentiellement pratique à pro-

pos des brevets d'invention. D'après une jurisprudence
constante, toute convention ayant pour objet la cession
d'un brevet d'invention, est nulle faute de cause, dans
le cas où l'invention serait reconnue n'être pas brevetable, ou lorsqu'elle ne produirait pas les résultats
promis par le cédant. Sûrement il y a là une jurisprudence avec laquelle il faut toujours compter, je crois
pourtant que ses fondements juridiques sont loin d'ê-
tre d'une parfaite exactitude.

Et tout d'abord, supposons la cession d'un brevet
d'une invention non brevetable ; dans cette première
hypothèse, dès que la nullité du brevet sera prononcée,
la cession elle-même sera déclarée nulle pour défaut
d'objet. La cession d'un brevet doit, en effet, pour avoir
une validité complète, avoir pour objet un brevet via-
ble pour ainsi dire ; le brevet d'une invention qui
n'en est pas une, n'est pas un brevet, et ne peut pas,
par suite, faire l'objet, comme tel, d'une convention
quelconque. C'était là, du reste, l'opinion de jurisconsultes très estimés (1), qui se basaient sur le défaut
d'objet, pour déclarer la cession nulle dans le cas où
le cessionnaire voit prononcer la nullité du brevet.

Supposons en second lieu que le brevet cédé ne pro-
duise pas les résultats promis par le cédant. Dans cette
seconde hypothèse, la promesse du cédant correspond,
incontestablement, à une clause de garantie expresse,
et c'est à cette clause qu'il faut se référer pour pouvoir

1. Bédarride, *Dr. comm.*, 353 ; Nouguier, *dr. comm.*, 337.

en déterminer les effets ; appliquer la théorie de la cause dans notre cas, c'est dénaturer complètement la volonté des parties contractantes.

Je suppose, en troisième lieu, que le cédant n'ait rien promis, mais que le brevet ait constaté par exemple une invention industrielle, d'une application impossible ou seulement d'une extrême difficulté. Eh bien, même dans cette dernière hypothèse, la jurisprudence ne fait que déclarer nulle la cession tout entière, comme étant une convention sans cause. Je crois que c'est pousser un peu trop loin les effets de cette théorie. Si la jurisprudence avait envie d'annuler la convention, elle n'avait qu'à faire tout simplement l'application de la théorie des vices rédhibitoires. Notre hypothèse rentrerait ainsi pleinement dans celle prévue par l'art. 1641, d'après laquelle « le vendeur est tenu de la garantie à raison des défauts cachés de la chose vendue qui la rendent impropre à l'usage auquel on la destine, ou qui diminuent tellement cet usage, que l'acheteur ne l'aurait pas acquise, ou n'en aurait donné qu'un moindre prix, s'il les avait connus. » Certes, notre art. n'aurait pu fournir que les éléments d'une nullité relative de la convention, mais sa nullité absolue ne se comprendrait même pas dans une hypothèse où un examen minutieux est nécessaire pour apprécier les différentes circonstances qui amenèrent les parties à contracter, dans une hypothèse dis-je, où l'on ne peut pas dire *à priori* que tel ou tel autre élément essentiel à l'existence de la convention même, fait défaut.

Dans toute cession de brevet d'invention, du reste, il y a toujours un certain aléa, l'aléa de la réussite de l'invention brevetée, et je crois qu'il faut toujours tenir compte de cet aléa avant la déclaration de la nullité du contrat. La jurisprudence agit tout autrement, elle frappe toujours la convention dont il s'agit d'une nullité radicale, sauf dans l'hypothèse où les parties ont voulu faire, et l'ont dit *expressis verbis,* un contrat aléatoire (1).

Un dernier exemple, emprunté à une jurisprudence à peu près constante, à laquelle pourtant les derniers arrêts de la cour suprême semblent vouloir s'opposer, va nous démontrer que la confusion de la cause et de l'objet a quelquefois pour effet de nous conduire à des résultats qui ne sont compatibles ni avec la théorie de la cause, ni avec celle de l'objet.

D'après un grand nombre d'arrêts, la rémunération stipulée pour l'exécution d'un mandat, peut être réduite par les tribunaux lorsqu'elle leur paraît excessive. Cette jurisprudence est motivée de la façon suivante. Le mandat, dit-on, est un contrat gratuit, et le montant de la rémunération possible doit être, en somme, calqué sur

---

1. Voir sur toute cette question. Cassat. 15 juin 1858, Dalloz, 58, 1, 453. Cass., 22 avril 1861, Dalloz, 1861, 1, 422. Liège, 1884, 9 février. Pasicrisie belge, 84, 2, 167. V. aussi dans *Pand. franc.* 1893, I, 444, le dernier attendu d'un arrêt de la Cour de cass. du 13 juillet 1892. Aussi Massé, *Droit commerc.* t. III, n° 1559, aussi Pouillet, n° 246.

les frais du mandataire. L'obligation pour le surplus doit être annulée comme n'ayant pas de cause.

Cette jurisprudence ne tient, tout d'abord, aucun compte de l'art. 1986 d'après lequel « le mandat n'est gratuit que *s'il n'y a pas convention contraire* ». Eh bien, dès que cette convention contraire intervient, le mandat n'est plus un contrat gratuit, mais un contrat à titre onéreux, participant à toutes les règles de cette deuxième classe de conventions. C'est un contrat se rapprochant de la *locatio operis* ou *operarum*, avec laquelle il ne faut pourtant pas le confondre à tous les points de vue (1). Mais au point de vue spécial qui nous occupe, je dirai volontiers que la *locatio operis* et le mandat s'identifient. Dans l'un comme dans l'autre, nous avons un objet qui, dans notre hypothèse, est le fait du mandataire ou du *locator*, et une rémunération, un prix. Dans le louage comme dans le mandat, le mandant ou celui qui loue a sûrement été porté à fixer le montant de la rémunération suivant les aptitudes personnelles de son co-contractant. Mais la valeur d'une personne n'est point, si je puis ainsi parler, une valeur cotée. Je peux sûrement attribuer une estime considérable au talent de tel peintre, ou aux qualités d'un administrateur quelconque, et les rétribuer en conséquence, tandis que le juge de l'affaire peut avoir une opinion absolument contraire à la mienne. Mais même

---

1. Ainsi par exemple le mandataire même à titre onéreux représente le mandant, il en est tout autrement des *locatores operarum*.

en supposant que la convention cause incontestablement une lésion au mandant, est-ce que la lésion chez
nous, surtout pour l'hypothèse spéciale qui nous occupe, vicie la convention ? Assurément non, les art.
1118, 1134 et 1999 condamnent, sans nul doute, les résultats auxquels aboutit notre jurisprudence; du reste,
la théorie de la cause n'a fait qu'embrouiller la matière ; ce que la jurisprudence a voulu dire en somme,
c'est que l'objet de l'obligation du mandataire était
un objet non susceptible de recevoir une rémunération
librement débattue entre les parties contractantes.
Cette idée, du reste, n'a jamais été nettement émise ; on
a invoqué tantôt la notion de la cause, tantôt... absolument rien du tout pour justifier les arrêts, ce qui
comme on l'a fort bien remarqué, leur enlève toute autorité au point de vue doctrinal.

Un arrêt assez récent de la cour de cassation, me
paraît en opposition avec sa jurisprudence antérieure.
Il s'agissait dans l'espèce d'une demande en réduction
des honoraires de l'administrateur d'une succession.
Cette demande était appuyée sur la violation des art.
1131 et 1134 du C. civ. ainsi que sur l'art. 7 de la loi
du 20 avril 1810. Cette manière de voir n'a pas été acceptée par la cour suprême « Attendu, a-t-elle dit, que
si l'arrêt attaqué, lequel est d'ailleurs régulièrement

---

1. Voir cass., 9 mai 1866. Dalloz, 66, 1, 246. Cass., 13 mai 1884, D.
85, 1, 21. Agen, 4 mars 1889, D. 90, 2, 281. Cass., 90 janvier, Dall.
91, 1, 22.

motivé, a refusé de réduire les honoraires de l'administrateur judiciaire de la succession, il s'est fondé sur un accord intervenu à cet égard entre les parties et causé pour fixer le chiffre de ces honoraires ; qu'en s'appuyant sur cette convention, ledit arrêt, loin de violer les textes susvisés, n'en a fait au contraire qu'une juste application. Rejette, etc (1)... Et pourtant l'administrateur était tout simplement un mandataire dans notre cas.

II. — *Preuve et développement de cette théorie en ce qui concerne la cause illicite.*

D'une façon générale, toutes les lois peuvent être classées en deux catégories bien distinctes. Dans la première nous placerons les lois dont l'application intéresse directement l'ordre public et les bonnes mœurs. Dans la seconde, les lois ayant un caractère interprétatif de la volonté des parties. Une volonté contraire expressément donnée peut déroger aux secondes, elle est, au contraire, absolument incapable de modifier les dispositions contenues dans les lois de notre première catégorie. C'est de ces dernières que parle l'art. 6 du Code Napoléon lorsqu'il nous dit : « On ne peut déroger par des conventions particulières aux lois qui intéressent l'ordre public ou les bonnes mœurs ». Si on est loin d'être d'accord sur la définition qu'on doit donner

1. Voir. Cass. 8 octobre 1892. *Pandectes françaises*, 1894, 1. p. 127.

de ces deux expressions, on s'accorde généralement sur la question de savoir quelles sont les lois dont elles s'occupent. Leur énumération n'intéresse pas directement mon sujet, ce que je dois uniquement constater, c'est que toute convention qui déroge à des lois qui intéressent l'ordre public et les bonnes mœurs, est nulle comme illicite, et ne produit, par conséqnent, absolument aucun effet. L'art. 6 à lui seul suffit du reste pour nous conduire à ce résultat.

Les lois romaines posaient à différentes reprises cette même règle. « *Privatorum pactio*, nous disaient-elles, *juri publico non derogat* » (1) et de plus « *Pacta quœ contra leges vel contra bonos mores fiunt nullam vim habere indubitati juris est* » (2). Cette dernière loi avait, comme on le voit, un caractère beaucoup plus large que notre art. 6. Elle déclarait sans aucune force non seulement les conventions qui dérogeaient aux *leges*, mais de plus celles qui étaient faites *contra bonos mores*. Si notre article avait cette largeur de conception, il aurait enlevé une grande partie de l'utilité de l'art. 1128 de notre code (3), et l'utilité toute entière de l'art. 1133. Ces trois articles n'ont en somme qu'une base rationnelle unique, le maintien d'un bon ordre social.

Tel qu'il est, l'art. 6 de notre code ne laisse pour-

1. Loi 45. Digeste. *De Regul. juris.*
2. Loi 6. au Code *de Pactis.*
3. En parlant de l'art. 1128 je sous-entends les art. 1598 et 1833, qui ne font que répéter ce que l'art. 1128 nous avait déjà dit.

tant pas intacte l'utilité de l'art. 1133. Quand ce dernier texte nous dit, en effet, que la cause est tout d'abord illicite lorsqu'elle est prohibée par les lois, ce qui rend, en effet, l'obligation nulle, il ne fait en somme que répéter ce que déjà l'art. 6 nous avait appris. « La cause n'est en effet, illicite, et c'est là une phrase que j'emprunte au Répertoire des *Pand. françaises*, qu'autant que la convention est contraire aux lois en vigueur au moment où elle est faite » (1). Je sais bien que ce langage est un peu plus compréhensif qu'il ne faut. La cause, en effet, nous dit l'art. 1133, est illicite, non pas seulement lorsqu'elle est prohibée par la loi, mais en outre, « lorsqu'elle est contraire aux bonnes mœurs ou à l'ordre public ». Les deux dispositions légales contenues dans les art. 6 et 1133 se complètent ainsi mutuellement, et leur ensemble n'a d'autre but que de poser en droit français le principe romain de la loi 6 *Dé Pactis*, déjà citée.

Si nous n'avions dans notre droit que les art. 6 et 1133, on pourrait tout au plus accuser le législateur de 1804, d'avoir scindé l'unité d'une règle, mais sûrement on ne pourrait pas l'accuser de répétition. Malheureusement pour lui, la nullité d'une convention contraire aux lois prohibitives, à l'ordre public ou aux bonnes mœurs, pouvait fort bien se déduire d'une

---

1. *Répert. des Pand. franc.* Oblig., t. II, n° 7783. Et pourtant les auteurs de ce recueil sont loin de ne pas accepter la théorie de la cause.

autre disposition légale. C'est de l'art. 1128 que je
veux parler. « Il n'y a que les choses qui sont dans le
commerce, nous dit ce texte, qui puissent être l'objet
des conventions ». Tout le monde est d'accord pour
penser que lorsque la convention a pour objet un fait
contraire à la loi, à l'ordre public ou aux bonnes
mœurs, son objet n'a pas une existence légale, il est
par suite en dehors du commerce et, par conséquent,
la convention tout entière est nulle (1). Eh bien, puisque la théorie de l'objet, théorie concrète et beaucoup
plus compréhensible que celle de la cause, était suffisante pour déclarer la nullité du contrat, à quoi bon
faire intervenir cette dernière? On ne peut nier, en effet, que la théorie de la cause illicite fasse double emploi avec celle de la non commercialité de l'objet. Des
auteurs considérables, partisans même de la théorie de
la cause, l'ont déjà remarqué. Demolombe n'hésite pas
à nous dire, à propos des contrats synallagmatiques :
« Lorsqu'il s'agit de savoir, dans ces sortes de contrats,
si la cause d'une obligation est licite ou illicite, cette
question se confond avec celle de savoir si l'objet de
cette obligation est lui-même licite ou illicite. *Ces deux
questions, à vrai dire, n'en font qu'une*, et voilà ce qui explique comment la plupart des controverses qui peuvent s'élever sur ce point, se rattachent également, soit
à l'objet des obligations, soit à leur cause. Car si l'objet est illicite, la cause l'est aussi ; et la nullité de

1. Aubry et Rau, *op. cit.* T. IV, § 344.

l'obligation dérive alors de deux textes ; et de l'art. 1128, quant à l'objet ; et de l'art. 1133, quant à la cause » (1).

MM. Aubry et Rau nous disent de leur côté : « Lorsqu'une convention à titre onéreux a pour objet une chose placée hors du commerce... elle est également considérée comme non avenue sous le rapport de la cause. C'est même à ce point de vue, que la jurisprudence et les auteurs s'attachent surtout, pour déclarer non avenues les conventions de cette espèce (2) ». Et ces mêmes auteurs continuent à nous donner comme exemple d'une convention ayant un objet en dehors du commerce, des hypothèses pour lesquelles la jurisprudence a trouvé plus juridique d'appliquer la théorie de la cause. M. Demolombe, lui, lorsqu'il veut nous donner des exemples d'une cause illicite, ne trouve rien de plus commode que de nous renvoyer à ce qu'il avait déjà dit à propos de l'objet. « En traitant de l'objet de l'obligation dans les contrats synallagmatiques, nous dit-il, nous avons fourni un certain nombre d'exemples de causes contraires à la loi, aux bonnes mœurs ou à l'ordre public » (3).

Que conclure de tout cela, sinon que la théorie de la cause illicite n'est, dans les contrats synallagmatiques,

---

1. Demolombe. Dr. civ. n° 348, t. XXIV.
2. Aubry et Rau, *op. cit.*, t. IV, n° 344 et note 23.
3. Demolombe, t. XXIV, n° 374 et 380. V. aussi *Repert. des Pand. fr.* Oblig., t. II, n° 9770.

que la répétition inutile des principes déjà posés à
propos de la théorie de l'objet?

On se demande quelquefois (1), si dans telle ou telle
autre hypothèse, la cause est illicite, lorsque l'un des
contractants a fait une promesse pour obtenir de l'autre partie l'accomplissement d'un devoir, l'observation
d'une loi, ou bien l'exécution d'une obligation antérieure. Il m'est impossible de comprendre l'intérêt
pratique de la question. Ainsi lorsque je promets à X.
une certaine somme, en vertu de la promesse qu'il me
fait de cesser des attaques calomnieuses contre un
homme honorable, ou parce qu'il me promet de mettre
fin à des relations adultères, sûrement il y a là une
convention nulle. Mais la nullité de ma promesse dé-
coule non pas du caractère illicite de la cause, car je
ne vois pas trop quel est le reproche qu'on pourra
m'adresser, mais de ce que l'objet de l'obligation de
mon cocontractant n'est pas dans le commerce, ce qui
a pour effet d'annihiler la convention tout entière et,
par suite, les obligations qui en découlent.

L'examen des différentes applications de la cause
illicite que la jurisprudence a faites, démontrera davantage l'impossibilité pratique de pouvoir attribuer
à la théorie de la cause illicite, un champ d'application propre, une vitalité indépendante de celle de
l'objet.

1. V. Demolombe, t. XXIV, p. 359, nº 380. Laurent, t. XVI, nº
125. V. aussi Colmet de Santerre, t. V, nº 49 bis. II, p. 61.

La cause est illicite, nous dit l'art. 1133, quand elle est prohibée par la loi, quand elle est contraire aux bonnes mœurs ou à l'ordre public.

J'examinerai, tout d'abord, les applications que la jurisprudence a faites de la cause illicite, lorsqu'elle est prohibée par la loi. Dans cette première hypothèse, la nullité de la convention aurait pu résulter, indépendamment de la théorie de la cause pour laquelle pourtant la magistrature française paraît avoir des affections toutes particulières, de deux autres articles de notre code. En premier lieu de l'art. 6, qui prohibe les conventions qui dérogent aux lois qui intéressent l'ordre public et les bonnes mœurs, et puis de l'art. 1128 qui exige un objet dans le commerce pour la validité des contrats.

Les lois criminelles sont au premier chef, d'après l'opinion unanime des auteurs, des lois d'ordre public, et contre lesquelles les conventions particulières ne peuvent avoir aucun effet. Ainsi, par exemple, toute convention ayant pour objet un fait délictuel quelconque, est nulle dans toutes ses parties, et cela, en premier lieu, en vertu de l'art. 6, puis en vertu de l'art. 1128, car on ne peut pas, en effet, soutenir que les délits soient des faits qui puissent faire l'objet d'une convention ; et, en troisième lieu, en vertu de l'art. 1133.

La jurisprudence n'a pas eu à faire beaucoup d'applications sur cette question, ce qui du reste, se comprend facilement. Quel est, en effet, le criminel qui aurait

l'affront de demander la solde d'un forfait ? Et il faut
supposer chez un individu un rare degré de perversité
mêlée d'imbécillité, pour qu'il ose exiger en justice
l'exécution d'un crime promis par son complice. La
question s'est pourtant présentée, et ce qui est encore
plus curieux, c'est qu'il s'est trouvé des juges aux yeux
desquels les art. 6, 1128 et 1133, n'ont point été suffisants pour qu'ils déclarassent nulle la convention.

Il s'agissait, dans l'espèce, d'une demande en paiement d'un appareil contrefait. La contrefaçon depuis
la loi bien connue du 5 juillet 1844 sur les brevets
d'invention, est un délit puni d'une amende de 100 à
2000 fr. (art. 40), et même dans certaines circonstances, d'un emprisonnement d'un à six mois (art. 43).
S'il en est ainsi, les objets reconnus contrefaits, qui
doivent du reste être confisqués en faveur du propriétaire du brevet, sont, comme les fruits de tout autre
délit, en dehors du commerce, ne pouvant par conséquent faire l'objet d'une convention valable, d'où il
résulte que la demande en paiement de ces objets doit
être rejetée. La Cour de Colmar (1), pour réformer la
sentence contraire des premiers juges, et arriver au
même résultat que nous, a suivi une tout autre voie.
C'est sur l'art. 6 et l'art. 1133 qu'elle a basé la justi-
fication de son arrêt. Sûrement ces deux art. étaient
pleinement applicables, mais en somme ils faisaient

1. Colmar 28 janv. 1869. Sirey, 69, 2, 208.

double emploi, et la théorie de la cause ne pouvait, par conséquent, avoir aucune utilité spéciale.

On peut rapprocher de ce que nous venons de dire, le cas où un failli souscrit des engagements en faveur d'un de ses créanciers, à raison du vote de ce dernier dans les délibérations de la faillite. C'est l'hypothèse prévue et pénalement réprimée par l'art. 597 du Code de commerce. L'art. 598 du même Code frappe d'une nullité absolue ce genre de conventions. Mais je crois que même en dehors de ce texte, on aurait pu arriver à un résultat pareil, sans avoir nullement besoin d'invoquer comme on le fait quelquefois (1), la théorie de la cause. Les art. 6 et 1128 étaient tout à fait suffisants.

Je n'ai nullement l'intention de m'attarder outre mesure, sur les différentes applications que la jurisprudence a faites de la cause illicite, lorsque la convention qu'elle annulait était prohibée et réprimée par la législation criminelle. Je dois pourtant signaler, en outre des exemples déjà donnés, les conventions ayant pour objet des loteries prohibées par la loi du 21 mai 1836. Cette même loi punit la contravention à la prohibition qu'elle pose, par des peines pécuniaires et corporelles. Nous avons donc une disposition légale, intéressant l'ordre public et les bonnes mœurs, et rentrant par conséquent pleinement dans les termes de l'art. 6. C'est là, en effet, une loi ayant pour but comme

1. Dalloz *Rép. Obl.* No 622.

on l'a remarqué lors de la discussion de la loi « de flétrir les spéculations du vice, et des mauvaises passions, qui demandent aux choses du hasard, ce que le
travail seul peut garantir. »

Les lois politiques et constitutionnelles, sont aussi
bien que les pénales, des lois auxquelles les conventions particulières ne peuvent aucunement déroger.
Tout pacte contraire est nul. C'est là la question essentielle. Les raisons de cette nullité sont du reste
multiples. Elles peuvent découler des termes prohibi-
tifs de la loi elle-même, de notre art. 6, et en troisième
lieu de l'art. 1128. Quant à la théorie de la cause, elle
ne pourra sûrement ajouter rien de plus ; qu'on l'invoque, si l'on veut, dans notre cas, mais qu'on ne
dise pas que c'est elle seule qui aurait pu nous conduire à la nullité.

Le renversement de l'ordre constitutionnel ne peut
donc pas servir d'objet licite à une convention. La jurisprudence française a eu à faire une assez curieuse
application de ce principe. Il s'agissait, dans l'espèce,
d'un contrat ayant pour objet la levée au nom d'un
prince français émigré, d'un régiment destiné à servir
contre la France. C'est l'art. 1133 qu'on a invoqué pour
annuler la convention (1). Ni l'art. 6, ni la non commercialité de l'objet, n'ont été mis en cause, et pourtant
ces deux moyens juridiques pouvaient sans nul doute,
nous conduire au même résultat.

1. V. Dalloz. *Rep. Oll.*, n° 599 et note 1. Cour de Paris, 21 juin 1833.

La mise en dehors du commerce des fonctions publiques, est, en second lieu, un principe constitutionnel auquel une convention particulière ne peut porter aucune atteinte. Permettre à un fonctionnaire public quelconque, de céder au plus offrant la place par lui occupée, ce serait ressusciter les inconvénients de l'ancien droit, que les lois du 4 avril 1789 et 4 octobre 1791 ont eu pour but de détruire. On se demande pourtant si la démission à prix d'argent d'un fonctionnaire, est une convention valable ; et par conséquent si on peut obliger l'acheteur d'une démission à payer le prix de l'achat. La question fut très discutée. Une jurisprudence constante, contre laquelle on peut relever quelques arrêts en sens contraire, décide aujourd'hui que cette convention est nulle pour cause illicite. La critique ou l'approbation de la nullité même, est un point qui n'intéresse pas directement mon sujet, mais en somme la question se ramène à ceci. La démission d'un fonctionnaire peut-elle ou non faire l'objet d'une convention ? La nullité dépendrait de la réponse qu'en donnerait tel ou tel esprit. Quant à la théorie de la cause, je ne vois pas bien ce qu'elle pourrait ajouter de nouveau.

En parlant des fonctions publiques, je mets certainement de côté les offices ministériels. L'art. 91 de la loi sur les finances du 18 avril 1816, que j'ai déjà eu l'occasion de citer, permet en effet « aux avocats à la Cour de cassation, notaires, avoués, greffiers, huissiers, agents de change, courtiers, commissaires-priseurs, de présenter à l'agrément de Sa Majesté des successeurs, pourvu qu'ils réunissent les qualités exigées par les lois »; cette loi leur permet aussi de se faire rémunérer pour cette présentation. Une rémunération excessive aurait pourtant pu être dangereuse pour l'intégrité du nouvel officier ministériel, qui serait ainsi porté à vouloir tirer de sa fonction plus qu'elle n'en peut produire. C'est cette raison qui a été la cause de la surveillance que l'État exerce sur le montant du prix de la cession de l'office. Pour empêcher que cette surveillance ne soit effective, deux moyens se présentaient à l'esprit : ou tout d'abord exagérer frauduleusement les recettes qui ont servi de base à la fixation du prix, ou ensuite créer des contre-lettres, constatant un prix supérieur à celui indiqué dans l'acte ostensible, et soumis au contrôle du gouvernement. La jurisprudence actuelle considère ces deux moyens comme illégitimes, et par conséquent frappe de nullité toute convention à cet égard.

Si ce résultat final ne me paraît pas critiquable en lui-même, il en est tout autrement des motifs qu'on a invoqués à son appui.

a) La Cour de cassation (1), permet, tout d'abord, à celui qui a payé une somme supérieure à la véritable valeur de l'office, de répéter ce qu'il a payé en plus,

1. V. un arrêt de la Cour de cass. rapporté dans Sir. 89, 1, 452, et dans D. P. 89, 1, 471.

lorsque le vendeur a exagéré frauduleusement les produits. La théorie de la cause, sur laquelle la jurisprudence se base, est pourtant incapable, je le crois du
moins, de nous conduire à ce résultat. De deux choses
l'une, en effet, la cause est ou elle n'est pas licite ; dans
le premier cas le contrat tout entier doit être déclaré
valable ; dans le second, au contraire, la convention
doit être frappée d'une nullité d'ensemble. Mais en
dehors de la théorie de la cause, la jurisprudence
aurait très bien pu arriver au même résultat par des
moyens tout différents ; elle n'avait qu'à invoquer la
théorie des vices rédhibitoires, contenue dans les art.
1641 et suiv. de notre Code, et particulièrement l'art.
1644, qui donne à l'acheteur l'action *quanti minoris*,
action qui a pour but de permettre à l'acheteur « de
se faire rendre une partie du prix telle qu'elle sera
arbitrée par experts. »

b) En second lieu la jurisprudence déclare nulles,
pour cause illicite, les contre-lettres par lesquelles le cessionnaire d'un office ministériel, s'engage à payer un
prix supérieur à celui indiqué dans l'acte ostensible. Je
crois que, même dans cette deuxième hypothèse, la théorie de la cause ne pouvait pas intervenir. Les contre-
lettres ne doivent pas, en effet, être considérées comme
des conventions spéciales et indépendantes de l'acte apparent qu'elles ont pour but de modifier ; elles ne font
qu'un seul tout avec l'acte, une convention unique qu'on
doit appliquer ou annuler dans son ensemble, sauf dans

le cas ou l'intérêt contraire des tiers s'y oppose. Mais
en dehors de cette hypothèse on ne peut pas annuler la
contre-lettre seule, comme étant basée sur une cause
illicite, ou sur le défaut d'objet. Ainsi je suppose une
contre-lettre ayant pour but d'ajouter un supplément
au prix indiqué dans l'acte ostensible, on ne peut certainement pas la déclarer nulle comme constatant une
convention sans objet. La chose vendue est, en effet,
l'objet de la convention tout entière, et cette particu-
larité que le prix est indiqué distributivement dans
deux actes différents, ne peut pas avoir pour but d'enlever tout effet à l'un ni à l'autre.

Ce que je viens de dire à propos de l'objet d'une
contre-lettre, doit s'appliquer *mutatis mutandis*, en
ce qui concerne sa cause, et par conséquent, pour revenir à l'hypothèse qui nous occupait, cette deuxième
théorie, *à elle seule* (1), pouvait ou bien annuler la ces
sion de l'office tout entière ou, au contraire, la laisser
intacte, mais non pas effacer une partie seulement de
la convention.

Pour terminer avec la question des offices, je dois
ajouter qu'ils ne peuvent pas non plus faire l'objet
d'une société ; mais s'il en est ainsi c'est, comm ele
remarquent fort bien MM. Aubry et Rau, qu'il n'y a

1. Je dis « à elle seule » car on peut réduire même dans notre cas le
prix de la cession, en se basant sur la théorie des vices rédhibitoires,
que nous avons déjà examinée. Dans cette dernière hypothèse pourtant, il n'y aurait aucune égalité nécessaire entre le montant de la réduction et la somme indiquée dans la contre-lettre.

que « les choses qui peuvent être vendues...,qui puissent faire l'objet d'un pareil contrat » (1), à ce résultat la théorie de la cause ne peut sûrement ajouter rien de nouveau.

Comme dernier exemple d'une loi à la fois constitutionnelle et criminelle, aux dispositions de laquelle les conventions particulières ne peuvent aucunement déroger, je puis citer les art. 177 et suiv. du C. pén., relatifs à la corruption des fonctionnaires publics. Certes, nous n'avons pas besoin de la théorie de la cause illicite pour déclarer nulle une convention ayant pour but cette corruption même, l'art. 6 ainsi que la théorie de l'art. 1128 de notre Code, étaient parfaitement suffisants.

Pourtant, le tribunal civil de la Seine dans un jugement du 21 juillet 1894 (2), jugement se rattachant aux procès retentissants, qui troublèrent, à cette époque le monde politique et économique, à propos de la Compagnie universelle du canal inter-océanique de Panama, a fait, même dans notre cas, une application de la théorie de la cause dans l'espèce suivante, sans même annoncer l'existence des art. 6 et 1128. Le baron Jacques de Reinach, agent financier, pour employer le langage des tribunaux, de M. Charles de Lesseps, avait donné à M. Barbe, « ancien ministre, député influent, industriel et financier important, » la

---

1. Voir Aubry et Rau, T. IV, n° 378. 2° et la note 5.
2. V. *Pand. fr. per.* 1895, II, p. 282.

somme de 550,000 fr. pour que ce dernier, employant
son concours qui ne pouvait pas manquer d'avoir la
plus sérieuse portée, obtînt des pouvoirs publics,
l'emprunt alors sollicité par la Compagnie de Panama.
Après la mort du baron, ses créanciers, ou plutôt
les liquidateurs de la Société inter-océanique, usant
des pouvoirs que leur conférait les art. 1166 et 1167 du
Cod. civ., intentèrent une action en répétition contre
les consorts Barbe, en se basant sur ce que le paiement de la somme considérable, payée par de Reinach
à ces derniers, n'était que l'exécution d'une convention nulle comme ayant une cause illicite, et que, par
conséquent, le paiement devait pouvoir être répété.
Certes, cette répétition était, surtout après la mort des
contractants, « la seule sanction possible, comme le
disait le tribunal lui-même, d'une prohibition qui intéresse l'ordre public, et dont les plus hautes considérations d'intérêt général exigent le respect absolu (1) ».
Mais quant à dire que la théorie de la cause était le
seul moyen pour arriver à cette répétition, c'est une
question toute différente, à propos de laquelle, nous
savons bien ce qu'il faut penser.

Les lois constitutionnelles et pénales, ne sont pourtant pas les seules d'ordre public et de bonnes mœurs,
et par conséquent celles qui soient uniquement visées
par notre art. 6. Le Code civil lui-même nous offre, en
effet, des dispositions légales, intéressant la société
tout entière, et par conséquent l'ordre public et les

bonnes mœurs, dispositions auxquelles les conventions particulières ne peuvent pas déroger. Je cite, comme exemple, les lois réglant la capacité des personnes, l'autorité paternelle ou la puissance maritale. A côté de l'art. 6, l'article 1128 de notre code aurait pu, du reste, nous conduire à des résultats identiques ; quant à la théorie de la cause, elle ne peut que nous dicter de nouveau la nullité d'un contrat déjà nul. C'est même cette dernière notion que les arrêts les plus récents invoquent pour enlever tout effet à une convention contraire à ces lois. Je puis citer comme exemple un jugement du tribunal de commerce de la Seine du 6 novembre 1891 (1). Il s'agissait dans l'espèce d'une convention par laquelle « Primus est engagé envers Secundus... à renoncer à toute autorité et à tout droit sur sa femme... en considération d'une somme de 500 fr. payée par Secundus ». Sûrement il y avait là, comme du reste le tribunal le disait, un marché contraire aux bonnes mœurs, une cause illicite, une convention par conséquent nulle. Mais même en l'absence des art. 1131 et suiv. de notre Code, la nullité de la convention n'aurait pu faire de doute ; et cela d'abord, par application de l'art. 6, et ensuite, parce que l'autorité maritale ne peut certainement pas être considérée comme un objet étant *in commercio*.

L'objet peut d'ailleurs être en dehors du commerce d'une façon simplement relative ; il en est ainsi lorsque,

1. Voir *Pand. franç.*, 1893. II, p. 6.

quoique étant par sa nature susceptible de propriété privée, une loi le place en dehors du commerce spécial du créancier. On peut citer comme exemple le cas prévu par l'art. 1597 de notre code, d'après lequel « Les juges, leurs suppléants etc.... ne peuvent devenir cessionnaires des procès litigieux.... à peine de nullité. . » Le droit romain lui-même nous offre, du reste, des hypothèses très voisines de celle que je viens de citer ; ainsi un gouverneur de province ne pouvait pas stipuler un fonds situé dans la province même. Le fonds était pour ainsi dire en dehors du commerce spécial du gouverneur. Toute convention contraire était nulle, indépendamment de toute idée de cause.

Il en est de même en ce qui concerne la vente d'une officine, à une personne non pourvue de diplôme. L'art. 16, en effet, de la loi du 21 germinal an XII, ne considère pour ainsi dire les pharmacies, que comme étant dans le commerce d'un nombre limité d'individus, présentant certaines garanties scientifiques ; leur vente à tout autre doit donc être déclarée nulle, mais pour arriver à ce résultat la nécessité de la cause ne se fait nullement sentir, nous avons, en effet, pour nous y conduire, les termes de la loi elle-même, l'art. 6 et l'art. 1128 de notre code (1).

Laissons donc de côté nos recherches sur l'utilité spéciale et propre de la théorie de la cause, lorsqu'elle

---

1. Voir pourtant un jugement du Trib. de Lyon du 4 fév. 1891. *Pand. franç.*, 1893. 2, 277.

a pour effet de prohiber toute convention contraire à une loi intéressant l'ordre public et les bonnes mœurs, et demandons-nous à présent, si notre théorie a du moins une raison d'existence quelconque, dans des hypothèses où quoique la convention soit manifestement contraire à la moralité publique, elle ne tombe pourtant pas sous l'application de l'art. 6, parce qu'aucune disposition légale ne la prohibe directement. Tout ce que nous avons dit jusqu'à présent fait présumer facilement notre réponse. Toutes les fois que la cause est contraire à l'ordre public, ou aux bonnes mœurs, l'objet de la convention est incontestablement en dehors du commerce, ce qui suffit pour annihiler la convention tout entière. La théorie de la cause fait donc ici double emploi avec la théorie de la commercialité, ou de la non commercialité de l'objet.

Je ne m'efforcerai pas de définir les cas, dans lesquels la *datio* ou le fait qui servent d'objet à une obligation, sont en dehors du commerce, comme étant contraires à l'ordre public ou aux bonnes mœurs. Pour pouvoir le faire, il faudrait, en effet, déterminer d'une façon exacte ces deux dernières idées, ce que personne n'a pu faire jusqu'à présent. Les uns, et c'est là l'opinion de la majorité des auteurs, déclarent impossible une pareille définition. « Rien de plus variable, disent-ils, que cette notion, rien de plus insaisissable; elle se moule sur la forme incessamment modifiée de la société; le temps et le lieu influent sur elle, avec une

trop grande puissance, pour que l'on ait le droit de
renfermer, à un moment donné, ses éléments dans le
cadre précis d'une définition (1). » D'autres deman-
dant, au contraire, « la précision des idées, et la netteté
du langage, car c'est là, disent-ils, tout le droit (2) »,
nous donnent des définitions qui, malgré la bonne
volonté de leurs auteurs, sont incapables d'enlever aux
tribunaux l'appréciation souveraine de chaque espèce,
que l'opinion contraire leur reconnaît. Ce résultat final
se comprend du reste aisément. A moins de procéder
par voie d'énumération et de dresser ainsi législative-
ment la liste des différentes conventions contraires à
l'ordre public ou aux bonnes mœurs, liste qui serait
nécessairement incomplète, je ne vois pas trop comment on pourrait poser un *criterium* certain, une
limite précise à la largeur de la conscience de tous
les magistrats français, et il en faudrait, en effet, un
pour rendre absolument identiques leurs susceptibili-
tés et leurs caractères, ce qui est indispensable pour
que la moralité soit comprise d'une façon égale par tout
le monde. Laissons donc de côté la définition et examinons les différentes applications que les tribunaux ont
cru devoir faire de la cause contraire à l'ordre public
et aux bonnes mœurs; nous constaterons en même
temps, qu'ils auraient pu arriver au même résultat par
la théorie de la non commercialité de l'objet.

1. Brissaud *op. cit.* 2ᵉ partie, p. 116.
2. Laurent *op. cit.* T. I, nᵒ 46 et suiv.

La jurisprudence déclare tout d'abord nuls comme ayant une cause immorale, « les traités qui ont pour objet une entreprise de succès dramatiques». Il en est ainsi, par exemple, pour la convention intervenue entre le directeur d'un théâtre et les personnes faisant la fonction de claqueurs. Je n'insisterai pas pour prouver que la notion de l'objet pouvait, à elle seule, annuler la convention. Il me suffit d'invoquer à l'appui de ce que j'avance, l'opinion de quelques auteurs éminents, partisans même de la théorie de la cause, qui attachent ce même résultat final à la théorie de l'objet (1).

Il en est de même en ce qui concerne la convention par laquelle une personne cède l'exploitation d'une maison de jeux de hasard. Un arrêt de la Cour de Pau du 13 janvier 1889 (2), réformant la décision des premiers juges, a déclaré nulle pour cause illicite cette cession, malgré l'autorisation administrative de l'exploitation d'une pareille industrie. Nous examinerons bientôt la question de savoir si les règlements administratifs peuvent innocenter pour ainsi dire devant la jurisprudence, un fait paraissant immoral de prime abord ; pour le moment, constatons une seconde fois que MM. Aubry et Rau rattachent la nullité de notre convention tout simplement à la théorie de l'objet (3).

1. Aubry et Rau, t. 4. n° 334, p. 319, V. Lyon 25 mars 1873. D. 73. 2. 68. V. aussi Demolombe. T. 24. n° 334.

2. Rapporté dans Dall. 1890. II. 228.

3. Aubry et Rau. T. IV. n° 344, p. 319.

Mais l'application la plus répandue de la cause immorale que la jurisprudence ait faite, consiste à coup sûr, en ce qui concerne les conventions intervenant à propos des maisons de tolérance.

En laissant de côté l'ordonnance du 6 nov. 1778, dont la vigueur actuelle est loin d'être acceptée par tout le monde, aucune loi spéciale ne règle en France la question de la prostitution (1). Des règlements administratifs, concernant particulièrement telle ou telle ville, et pour la plupart incomplets, me paraissent insuffisants pour résoudre les questions infiniment graves, qui se présentent tous les jours, et qui concernent non seulement la moralité publique mais la santé même des citoyens.

Et tout d'abord, on peut se demander si en France les maisons de prostitution ont ou n'ont pas d'existence légale. L'établissement d'une maison de tolérance, dit-on quelquefois (2), est contraire aux bonnes mœurs, l'autorisation donnée par l'administration municipale n'en change pas le caractère immoral, et intervient moins pour légitimer l'existence de ces maisons, que pour en assurer la surveillance ». Cette manière de voir n'est peut-être pas à l'abri de toute critique. Si la municipalité ou l'Etat les croyaient dangereuses,

---

1. Voir pourtant deux projets, l'un déposé à la Chambre le 31 oct. 1891, par M. Fallières, et l'autre au Sénat, par M. Béranger le 27 avr. 1894.

2. V. Dalloz. *Répertoire*.

ils n'avaient qu'à les prohiber, ainsi que l'a fait la loi anglaise du 14 août 1885 (1). Mais puisqu'on reconnaît leur droit à l'existence, il faudrait, si on voulait établir un contrôle sérieux, non pas refuser jusqu'à l'examen de tout ce qui les touche, mais au contraire serrer de plus près cet examen. C'est pourtant une voie tout opposée que la jurisprudence a suivie. Toutes les fois qu'une convention quelconque, touchant de près ou de loin une maison de tolérance, se présentait devant elle, elle la déclarait nulle, en faisant une application pure et simple de la théorie de la cause illicite. Un certain nombre d'arrêts de ce genre, me paraissent pécher par excès de candeur. Ainsi nous voyons un arrêt de la Cour de Limoges du 30 avril 1888, refusant la restitution d'effets mobiliers, appartenant à une fille publique, pensionnaire d'une maison de prostitution, parce que « la Cour ne saurait trancher le litige, sans examiner la nature des engagements qui se sont formés, c'est-à-dire sans connaître des conventions ou des faits, qui ont *une cause illicite* et contraire aux bonnes mœurs » (2). Ce raisonnement me paraît sortir tout à fait du bon sens. Je me demande quelle est la loi qui empêche un juge de connaître un fait ayant une cause illicite et je ne la trouve nulle part. Ce que l'art. 1133 veut empêcher, ce n'est en somme que l'*effet* de la con-

1. Voir le texte original dans « *The public general statutes. Queen. Victoria.* » déc. 1884-5 p. 358-364.
    V. Cet arrêt dans. D. P. 89. 2. 38.

vention immorale, et non pas la connaissance de la
convention même. Se servir donc de la théorie de la
cause, pour empêcher les résultats ordinaires de l'action en revendication d'un tel objet, dont la propriété
m'appartient, pour une raison juridique différente de
la convention immorale elle-même, c'est vraiment aller trop loin.

Je me garde bien pourtant de soutenir, que la notion
de la cause, telle du moins qu'on la comprend, ait toujours été appliquée de travers ; mais dans les hypothèses où son application était bonne, on aurait pu arriver au même résultat par la théorie de la non-com-
mercialité de l'objet. En agissant ainsi on aurait en
même temps évité les confusions d'un certain nombre
d'arrêts, critiqués par les partisans les plus convaincus
de la notion de la cause. Je réserve à plus tard l'examen de ces dernières décisions, pour le moment je me
contenterai d'établir que la théorie de la cause illicite,
et celle de la non commercialité de l'objet, pouvaient
à merveille conduire au même résultat, les personnes
ayant des sentiments moraux identiques.

En premier lieu, aucun doute n'est possible en ce qui
concerne la valeur d'une convention ayant pour objet
les services immoraux à rendre par une fille prostituée
dans une maison de tolérance, et en vue de l'exploitation de cet établissement ; on peut rapprocher de cette
hypothèse la convention par laquelle quelqu'un promet à sa concubine une certaine somme, pour que

cette dernière continue avec lui des relations intimes.
La science du droit refuse d'attribuer un effet quelconque à ces marchés répugnants et honteux, et cela,
non pas seulement à raison de la théorie de la cause,
mais parce qu'elle considère la prostitution comme
étant un objet en dehors du commerce, ne réunissant
pas par conséquent, les caractères exigés par l'art. 1128
de notre code. La même solution, et pour des raisons
identiques, doit être donnée en ce qui concerne la vente
d'une licence de tolérance et la clientèle d'une pareille
maison. Je n'insiste pas davantage sur ces deux questions qui ne font aucune difficulté pratique, et je renvoie tout simplement à une décision du tribunal de
Joigny du 2 août 1888, confirmée par la cour de Paris
dans un arrêt du 14 décembre 1889. A propos de ce
même procès, il y avait pourtant un point plus délicat
qui devait être résolu par les juges. Il s'agissait de savoir si la vente de l'immeuble servant de maison de
prostitution, ainsi que celle du mobilier garnissant les
appartements, était une convention nulle comme ayant
un objet illicite, et, par conséquent, en dehors du commerce, ou pour parler le langage des tribunaux, parce
que la cause de la convention était immorale.

La question a été résolue de la façon suivante : Et
tout d'abord, en ce qui concerne la vente du mobilier,
le tribunal l'a déclarée sans effet, en se basant sur l'art.
1133 de notre Code ; mais ce qu'il y a de curieux c'est
que, en ce qui concernait la vente de l'immeuble, on

est arrivé à un résultat tout opposé ; « en vendant
ses immeubles, a-t-on dit, la demoiselle X... a pu
n'avoir pas en vue uniquement l'exploitation dans les
dits immeubles de sa licence de tolérance ». Certainement cette décision manque d'unité, les magistrats
n'ont point été conséquents avec eux-mêmes. Il est en
effet bien difficile de comprendre quelle est la secrète
raison qui avait empêché le tribunal de déclarer valable la vente du mobilier, comme il l'a fait pour la vente
de l'immeuble, puisque rien n'indiquait dans l'espèce,
que les meubles vendus dussent nécessairement recevoir un emploi immoral. Quoi qu'il en soit, et en laissant de côté cette critique, qui ne rentre pas directement dans notre sujet, nous pouvons remarquer que
si le tribunal et la cour n'ont invoqué dans leurs attendus, que la théorie de l'art. 1133, ils auraient pu
aussi bien en arriver là, par application des art. 1128 et
1598. En faveur de ce que j'avance je puis du reste invoquer l'opinion des jurisconsultes rédigeant le recueil
périodique de Dalloz. Dans le résumé en effet, qui précède le contenu de notre arrêt, on invoque non pas
seulement la théorie de la cause, mais de plus celle de
l'objet. Tout ceci démontre qu'ils considéraient ces deux
notions comme pouvant nous conduire à des résultats
absolument identiques (1).

A la théorie de la cause illicite, la jurisprudence rat-

1. V. D. Per. 1898, II, 189. Voir aussi un arrêt de la cour de Riom
du 30 nov. 1893. Rapporté dans les P, Fr. Per. 1894, II, 261.

tache une question d'un trop grand intérêt pratique pour que nous la passions sous silence. C'est celle de savoir si la convention intervenant entre les entremetteurs de mariages et les futurs époux, est une convention frappée d'une nullité radicale, comme ayant une cause illicite. Soutenir la négative devant un tribunal quelconque ce serait du temps perdu. Une jurisprudence constante, déclare aujourd'hui nulles et de nul effet ce genre de conventions, du moins lorsque le futur époux s'oblige « en cas de succès seulement, à payer une somme d'argent réglée à forfait, non sur l'évaluation des soins ou des démarches du proxénète, mais sur l'importance du mariage à négocier, c'est-à-dire sur l'importance présumée de la dot que ce mariage peut mettre dans ses mains (1).

Je ne saurais souscrire à cette manière de voir. Le proxénète n'est en somme, ainsi qu'on l'a du reste remarqué, qu'un *locator operarum*, promettant ses services et stipulant un salaire. Pour que la cause de l'obligation de l'époux qui a sollicité les soins du proxénète, ait été en effet immorale, il faudrait que ces soins eux-mêmes fussent immoraux et, par conséquent, en dehors du commerce, ce qui aurait suffi pour annihiler la convention tout entière, en dehors de toute idée de cause. Mais pour mon compte, je crois que non seulement les services que les agences matrimoniales rendent sont loin d'être illicites, et par conséquent réprimables, mais

1. Rép, de Pand. Fr. Agence matrim., n° 12.

au contraire, qu'ils sont d'une certaine utilité pour notre société, dans laquelle le nombre des mariages diminue de jour en jour. Je sais bien que les entremetteurs n'emploient pas toujours leur diplomatie avec une parfaite loyauté, et que leur propre intérêt les amène souvent à employer des moyens « bons ou mauvais pour assurer la réussite de leurs négociations ». Mais comme on l'a fort bien dit (1), « cette dernière idée confond la convention avec l'exécution qu'elle reçoit,... proscrire la convention parce qu'elle peut être déloyalement exécutée, prohiber l'usage parce que l'abus est possible, c'est contraire à tous les principes d'équité et de justice ». La législation romaine elle-même admettait, du reste, l'opinion que nous défendons : *Proxenetica*, lisons-nous au Digeste, *jure licito petuntur* (2) ; et la loi de *sponsalibus et arris sponsalitiis et proxeneticis* au Code, qui réglementait le salaire du proxénète, nous apprend que, si ce dernier ne devait rien demander, *si nihil de ea re convenerit...* il en était tout autrement *sin pactum intercesserit* (3). Quoi qu'il en soit, et laissant de côté tous ces détails qui n'intéressent pas directement mon sujet, je ne crois pas inutile de répéter encore une fois que, qu'on admette ou non la moralité de ce genre de conventions, on aurait pu arriver, par la théorie de l'objet, au même résultat final auquel la jurisprudence

1. V. Pand. Fr. Rép. Ag. matr. n° 5.
2. Dig. *De Proxeneticis* L. I. pr.
3. Code Livre V. T. I. Des spons et arr. spons. et prox, § 6.

aboutit par la théorie de la cause, ce qui suffit pour compromettre l'utilité de cette dernière notion (1).

Il serait fatigant de vouloir pousser plus loin, en ce qui concerne les contrats synallagmatiques, la démonstration de mon opinion, qui consiste à voir dans la théorie de la cause, une notion qui ne peut, en somme, aboutir qu'à des résultats déjà acquis. « Il est bien vrai pourtant, comme le remarque M. Huc (2), que cette théorie a la prétention d'éviter toute confusion entre la cause et les motifs ». Les motifs d'une convention sont, d'après l'opinion de la majorité des auteurs, « le nombre immense de raisons sérieuses ou frivoles, qui peuvent déterminer une personne à faire un contrat », et qui sont incapables de jouer absolument aucun rôle sur sa validité même. Les tribunaux ne doivent tenir absolument aucun compte de ces derniers, à la différence de la cause, dont l'absence ou le caractère illicite nous conduisent à la nullité. On voit immédiatement l'intérêt de la distinction ; eh bien la théorie de la cause a malheureusement contribué beaucoup plus à confondre qu'à délimiter le domaine de ces idées ; en effet « du moment, comme continue à nous dire M. Huc, que l'on se croit autorisé à recher-

---

1. V. sur cette question un jug. du 2 août 1888 du trib. d'Annecy. Rapporté dans le journ. du droit du 19 sept. Aussi D. P. 53, 2, 204 ; Aussi deux arrêts assez récents, l'un de la cour de Paris du 27 oct. 1892. *Pand. Fr.* 94, 2, 39, et l'autre de la cour de Besançon des 6 mars 1895, rapporté dans *Pand. Fr.* 96, 2, 221 (7me cahier).

2. Huc. *op. cit.* T. VII, n° 82.

cher une cause distincte de l'objet, il est difficile de ne
pas tomber dans la confusion que l'on veut théoriquement éviter ».

Un grand nombre d'arrêts portent, du reste, effec-
tivement les traces de cette confusion. Ainsi la jurisprudence annule comme ayant une cause illicite, les
baux relatifs à des maisons de tolérance, les contrats de louage de service intervenus entre les pro-
priétaires d'une pareille maison et un domestique ou
ouvrier quelconque, malgré l'absence de toute immoralité dans l'engagement de ces derniers, etc., etc.
Quant à la doctrine, elle ne cesse certainement pas
d'attaquer ces décisions. D'une part, nous voyons en
effet M. Beudant remarquer, en critiquant un jugement du tribunal de la Seine qui annulait, pour cause
illicite, l'achat d'un immeuble, acquis pour être affecté
au service d'une congrégation religieuse non autorisée,
qu'il y a là « une thèse singulièrement risquée ».
« Les juges de première instance, continue-t-il, ont,
à n'en pas douter, commis une méprise... ils ont
confondu la cause finale qu'exigent les art. 1108 et
1131, avec la cause impulsive qui est sans influence
sur la formation et sur la validité du contrat (1). » M.
Baudry-Lacantinerie, de son côté, s'étonne de ce que
le tribunal de commerce de la Seine « ait refusé, sur le
fondement de la cause illicite, tout effet à l'obligation
contractée par le directeur d'une maison de tolérance,

1. V. dans Dall. P. 79, 2, 229. *Trib. de la Seine*, 1er févr. 1878.
Cour de Paris, 21 févr. 1879, et la note.

pour acquisition de vins de champagne, destinés à être consommés dans son établissement » (1). Mais qu'y a-t-il donc là d'extraordinaire ? la jurisprudence s'est engagée sur la pente périlleuse de vouloir appliquer la théorie de la cause indépendamment de celle de l'objet, eh bien, elle l'a fait, et elle a cru arriver, par cette théorie, à déclarer nuls des contrats dont l'objet était parfaitement dans le commerce ; mais, en agissant ainsi, ce n'est plus la théorie de la cause qu'elle appliquait mais celle des motifs. Elle s'est trouvée dans une alternative dangereuse pour la notion de la cause, et ne présentant pas de juste milieu.

1. Baudry-Lacantinerie. T. II. N° 853.

CHAPITRE VI

LA CAUSE DANS LES CONTRATS UNILATÉRAUX.

La cause dans les contrats unilatéraux, est définie, d'après l'opinion des auteurs causalistes, par deux formules distinctes, contenant chacune une idée propre et séparée (1).

C'est dans l'idée de bienveillance qu'on doit tout d'abord rechercher la cause, si le contrat dont il s'agit n'est qu'une donation. C'est ensuite dans la prestation de la *res* reçue par le débiteur, que la cause réside dans les autres contrats unilatéraux.

Cette manière de voir nous impose la division de cette partie de notre travail. Dans ce chapitre-ci, nous étudierons la cause dans les contrats unilatéraux, en laissant de côté les donations proprement dites. Ce n'est que dans notre chapitre suivant que nous étudierons la cause dans les libéralités.

En lisant les ouvrages des partisans de la théorie de

1. Demante et Colmet de Santerre, *op. cit.* T. V. N° 46 bis II, aussi, Aubry et Rau, *op. cit.* T. IV, § 345, aussi Baudry-Lacantinerie, *op. cit.* T. II. N° 847.

la cause on serait tenté de croire, que la démonstration de mon système, en ce qui concerne les contrats unilatéraux, serait vraiment embarrassante. Des esprits puissants ont cru, en effet, voir là un dernier refuge capable de sauver la théorie de Domat et de Pothier. Les contrats unilatéraux seraient ainsi pour eux une planche de salut, mais je ne crois pas que la notion de la cause raisonnablement s'y appuyer. Je n'accepte donc pas même l'opinion de Laborde (1), qui, réduisant le domaine de notre théorie, pense qu'il faut envisager seulement les contrats unilatéraux pour trouver l'utilité pratique des art. 1131 à 1133. Cette opinion a été émise du reste par Wan-Wufthen-Palthe, qui après avoir avoué, qu'*in contractibus commutativis, superflua est causæ doctrina*, n'hésite pas à nous dire, que, *in contractibus unilateralibus, itaque doctrina de causa, utilissima, et quidem necessaria potest dici* (2).

Et tout d'abord, que faut-il entendre par contrat unilatéral ? D'après l'opinion communément admise, un contrat de cette nature est celui qui n'oblige que d'un seul côté. Ainsi dans un *mutuum* nous n'avons qu'une seule et unique obligation à la charge de l'emprunteur, celle de restituer l'argent prêté. Le *mutuum* est, par conséquent, un contrat unilatéral ; il en est de même du *commodat* ou du dépôt. Malgré son autorité classique, cette manière de voir est aujourd'hui répudiée par cer-

1. V. Laborde. *Revue de droit*, etc., 1881, p. 548.
2. V. dans Timbal, *op. cit.* p. 296.

taines législations, auxquelles une partie de la doctrine française semble vouloir s'associer. Ainsi le Code fédéral suisse des obligations de 1881, dans son art. 321, nous donne à propos du *commodat* la définition suivante : « Le prêt à usage est un contrat par lequel le prêteur s'oblige à livrer une chose à l'emprunteur pour s'en servir gratuitement, à la charge pour ce dernier de la lui rendre après s'en être servi ». Cette disposition légale ainsi que celle contenue dans l'art. 329 du même Code (1), qui arrivent à transformer synallagmatiques, des contrats considérés jusqu'à présent comme unilatéraux, peuvent être considérées comme étant les conséquences de ce principe général et unique, que nous trouvons formulé dans Huc (2), sous la forme de la réflexion suivante : « On peut dire qu'en réalité, il n'y a pas de contrats purement unilatéraux dans la classe des contrats à titre onéreux. L'opération a toujours commencé par être synallagmatique, pour se résoudre finalement en un contrat unilatéral ». Nous trouvons cette même idée précisée davantage par M. Brissaud, « les contrats unilatéraux, nous dit-il, ont un caractère synallagmatique manifeste » car ils renferment une double promesse, « d'une part promesse de livrer une chose, d'en faire avoir au

---

1. Art. 329. « Le prêt de consommation est un contrat par lequel le prêteur s'oblige à transférer à l'emprunteur la propriété d'une somme d'argent ou d'autres choses fongibles, à la charge par ce dernier de lui en rendre autant de même espèce et qualité.
2. Huc, *op. cit.* T. VII Nº 5.

moins la possession, d'autre part, promesse de restituer la chose livrée *in specie* ou *in genere* (1) ».

Quoique l'acceptation de ce système eût singulièrement facilité la démonstration de mon opinion en ce
qui concerne la théorie de la cause, je ne crois pourtant pas devoir m'y rallier. Et tout d'abord, la thèse
contenue dans les art. 321 et 329 du Code fédéral, me
paraît au fond inexacte. Non, l'obligation de l'emprunteur de restituer ne peut pas résulter *uniquement* de la
convention qui a précédé la transmission des espèces du
prêteur. La convention à elle seule, n'a pu sûrement,
comme il arrive dans le cas d'un contrat synallagmatique, mettre à la charge de deux parties contractantes des obligations réciproques, et susceptibles d'une
exécution contemporaine et immédiate. Dans un contrat
unilatéral, un prêt par exemple, pour que l'obligation
de l'emprunteur de restituer prenne naissance, il faut
tout d'abord que cet emprunteur ait reçu. Mais à ce moment c'est en vain qu'on chercherait une obligation
quelconque à la charge du prêteur; on ne se trouverait
forcément que devant une obligation seule et unique, et
c'est à l'instant même de la naissance de cette obligation,
qu'on pourrait dire que le prêt est formé. Certes avant la
formation de ce dernier contrat, on peut relever à la
charge du prêteur, une promesse de prêt, obligatoire
peut-être. Mais il faut bien se garder de confondre la
promesse de prêt, avec le prêt lui-même ; il y a là

1. Brissaud, *op. cit.* 2me part. p. 42.

deux contrats particuliers, dont l'un ne peut prendre naissance qu'après l'extinction de l'autre, deux contrats engendrant des obligations unilatérales et séparées. Le Code Suisse me paraît avoir confondu ces idées ; je repousse donc son système, et concevant les contrats unilatéraux, tels que les conçoit l'art. 1103 de notre Code, j'arrive immédiatement à la question de savoir, si la théorie de la cause peut avoir une influence propre sur l'existence de la classe de contrats qui nous occupent.

L'art. 1108 du Code Napoléon, en énumérant les différentes conditions essentielles à la validité d'une convention, n'entend certainement faire aucune différence entre les contrats synallagmatiques et les contrats unilatéraux.

La capacité des parties contractantes, le consentement, l'objet et la cause, seraient ainsi indispensables, aussi bien pour les premiers que pour les seconds. La capacité et le consentement sont absolument indifférents en ce qui concerne le point qui nous occupe, laissons-les donc de côté, et demandons-nous ce qu'on entend par objet et par cause, lorsqu'on nous dit que ces deux éléments sont nécessaires à l'existence d'une convention unilatérale. Ainsi prenons l'exemple d'un *mutuum*. L'objet du contrat dans notre espèce, est la chose prestée, et c'est justement cette prestation de l'objet, qui serait aussi, d'après les jurisconsultes français, la cause de l'obligation de l'emprunteur. Au fond, cette manière de voir n'est certainement pas inexacte. Dans toute législation ancienne ou moderne, admettant ou non la théorie de la cause, on ne peut raisonnablement nier que l'obligation de l'emprunteur de restituer, ait pour raison d'être la réception de sa part des deniers prestés. Ce serait un non-sens que d'exiger de quelqu'un la restitution d'un objet qu'il n'a point reçu. Mais si au point de vue théorique on peut dire que la livraison de la *res* sert de cause à l'obligation de l'emprunteur, il faut bien se garder de vouloir trop délimiter le domaine des notions de l'objet et de la cause dans les contrats unilatéraux ; il y a là, en effet, entre ces deux théories, une connexité beaucoup plus étroite que celle que nous avions déjà remarquée en étudiant les contrats synallagmatiques. C'est la même *res* qui sert dans notre cas de cause et d'objet à l'obligation de l'emprunteur. Si cette *res* manque, le contrat est nul pour défaut d'objet et de cause à la fois. Si la *res* existe, le contrat est valable, et il nous paraît impossible de pouvoir imaginer une hypothèse dans laquelle l'un de ces deux éléments ferait défaut malgré l'existence de l'autre, ou réciproquement. Je ne vois donc pas à quel résultat pratique pourrait bien nous conduire l'affirmation de M. Baudry-Lacantinerie, qui, en réfutant l'opinion de ceux qui confondent la cause et l'objet dans un contrat unilatéral, nous dit que « la cause de l'obligation de l'emprunteur n'est pas dans la chose

qu'il a reçue, mais dans la prestation de cette chose,
effectuée par le prêteur », ce que notre auteur trouve
« bien différent ». Si le droit était une science purement
abstraite, je me serais immédiatement - rallié à l'opinion de l'éminent doyen, mais les choses étant autrement, je ne puis l'accepter, car je ne vois pas les différences pratiques, auxquelles aurait pu nous amener la
scission de ces deux notions, différences qu'il ne serait
pas, du reste, facile à notre auteur de nous indiquer.

En somme et pour nous résumer, je crois pouvoir affirmer que, lorsqu'il s'agit d'un contrat unilatéral, le
défaut de cause implique nécessairement défaut d'objet, et *vice versa* ; on peut donc se demander, comme
le fait M. Laurent, « s'il est logique d'exiger, comme
quatrième condition essentielle pour la validité des
conventions, un élément qui existe par cela seul que
le contrat est formé ? Et le contrat est formé, dès que
les trois premières conditions sont remplies ».

Les partisans de la théorie que je combats, et qui
veulent bien restreindre l'utilité pratique des art. 1131
à 1133, dans le domaine des contrats unilatéraux, arrivent, en examinant davantage la question qui les occupe, à se servir d'un langage qui compromet singulièrement leur système.

Ainsi, lorsque M. Laborde nous dit que « dans un
contrat unilatéral, quand l'objet de l'obligation est licite, et qu'il n'y a point erreur sur l'objet, le seul moyen
d'annuler une obligation contractée dans un but illicite

c'est d'appliquer la théorie de la cause finale », il nous paraît commettre de sérieuses méprises.

Supposons, en effet, avec notre auteur, un contrat unilatéral ayant un objet licite, et demandons-nous s'il est possible d'annuler la convention, non pas en se basant sur la notion de l'objet, puisque de ce côté le contrat est inattaquable, mais en prenant pour fondement la théorie des art. 1131 et 1133 de notre Code. Monsieur Laborde dans le paragraphe que nous venons de citer nous donne une réponse affirmative, et cela dans trois cas :

1° Lorsque l'obligation est contractée par erreur de droit.

2° Lorsqu'elle est contractée par erreur de fait.

3° Lorsqu'elle est contractée dans un but illicite.

Je crois que cette manière de voir ne supporte même pas l'examen. C'est à tort peut être, mais j'avoue qu'il m'est impossible de comprendre le rapport possible entre l'erreur de droit ou de fait et la notion de la cause. Comment peut-on déclarer nulle une convention pour défaut de cause, et comme le suppose M. Laborde, *malgré l'existence de l'objet*, tout simplement parce qu'elle a été contractée par erreur de droit ou de fait ? Il y a sûrement là un point que l'auteur de l'article de la Revue de droit, aurait dû éclaircir davantage.

L'erreur, en effet, ne peut qu'avoir les effets suivants :

a. Elle rend tout d'abord le contrat inexistant, lorsqu'elle porte sur la nature ou sur l'objet de la convention, mais la théorie de la cause n'est d'aucune utilité dans ce cas. L'erreur dans ces hypothèses est exclusive du consentement, et c'est pour cette unique raison, que toute législation admettant ou non la théorie de la cause, ne peut que refuser tout effet à une pareille convention.

b. L'erreur n'est ensuite, d'après le code civil, une cause de nullité de la convention que dans les hypothèses prévues par l'art. 1110 ; c'est-à-dire lorsqu'elle tombe sur la substance même de la chose qui est l'objet du contrat, ou lorsqu'elle tombe sur la personne avec laquelle on a l'intention de contracter, et que c'est en considération de cette personne que la convention a été faite. Mais assurément, ce n'est point pour transformer en nullité absolue la nullité relative édictée par cet art. que les législateurs de 1804 nous ont donné les dispositions de l'art. 1131 à 1133.

c. En dehors de ces hypothèses, l'erreur ne peut jouer absolument aucun rôle sur la validité d'une convention, et encore une fois, je ne vois pas quelle est l'erreur de droit ou de fait que M. Laborde sous-entend, uniquement en ce qui concerne les contrats unilatéraux, et comment, en appliquant la théorie de la cause, lorsque cette erreur existe, on peut arriver à la nullité de la convention.

Laissons donc de côté ces hypothèses de l'utilité de

la cause qui nous paraissent incompréhensibles, et demandons-nous si cette théorie peut présenter une utilité directe et indépendante, en nous conduisant à la nullité d'une convention, dans l'hypothèse d'un contrat unilatéral où, malgré le caractère licite de l'objet, l'obligation a été contractée dans un but immoral. C'est le troisième cas que M. Laborde invoque, comme démontrant la nécessité d'existence et l'utilité de la cause. Malheureusement, notre auteur se garde bien de développer sa pensée ; pourtant en attribuant à son langage le sens naturel qu'il comporte, il n'est point difficile de voir qu'il confond la cause avec les motifs. Ainsi, dans un *mutuum*, la cause de l'obligation de l'emprunteur consiste dans la prestation de l'objet par le créancier, et cette cause ne pourra être illicite que si l'objet lui-même est en dehors du commerce. Mais il faut prendre soin de ne point confondre l'objet ou sa prestation dont l'absence ou le caractère licite ou illicite est une question de vie ou de mort pour la convention tout entière, avec le but poursuivi par celui qui emprunte, but dont le caractère moral ou immoral ne peut aucunement nuire à la convention.

La Cour de Paris, en réformant un jugement du tribunal de commerce de Versailles, a fait une juste application des idées que nous venons de développer. Il s'agissait, dans l'espèce, de résoudre la question de savoir, si un *mutuum* est nul pour cause immorale, lorsqu'il a été contracté en vue de l'acquisition d'une mai-

son de tolérance. La Cour nous a donné une réponse
négative, car, a-t-elle dit, « on ne saurait faire dépendre la validité de l'obligation, ni du motif de la convention, ni de l'usage qui aurait été fait de la somme
empruntée (1). »

M. Colmet de Santerre en nous disant, lui aussi, que
c'est dans les contrats unilatéraux, et quand l'objet est
licite, qu'il devient intéressant d'examiner si la cause
de l'obligation est illicite, car alors l'art. 1133 est le
seul en vertu duquel l'obligation puisse être déclarée
nulle (2), nous donne comme exemples, des conventions
illicites, qui sont loin de présenter le caractère unilatéral, que l'éminent jurisconsulte paraît vouloir leur
attribuer.

Ainsi je crois qu'il ne faut point attribuer le caractère d'une convention unilatérale, à la promesse d'une
somme d'argent qu'une personne fait sous la condition que celui à qui elle la promet commette un crime
ou un délit. Il y aurait plutôt là le préambule d'un
contrat parfaitement synallagmatique, une simple pollicitation qui est, comme dit Pothier, la promesse non
encore acceptée par celui à qui elle est faite. Le contrat ne se forme qu'après l'acceptation de la pollicitation telle quelle et, juste au moment de sa formation,
nous voyons apparaître deux obligations à la charge
de chacune des parties ; l'une, de payer le prix, l'autre

1. V. D. R. S. Oblig. n° 189, note 1.
2. Colmet de Santerre. T. V. n° 49 bis. II.

d'exécuter le crime, ce qui caractérise les contrats synallagmatiques. Il ne faut point voir du reste dans la *pollicitatio* un contrat unilatéral ; ce n'est point un contrat ; un contrat exige, en effet, partout et toujours, qu'il soit unilatéral ou synallagmatique, le concours de deux ou plusieurs volontés poursuivant le même but. La pollicitation n'est qu'une manifestation unilatérale de volonté, *solius offerentis promissum*, n'engageant nullement celui qui la fait, du moins jusqu'au moment de son acceptation par celui auquel elle s'adresse ; nous n'avons par conséquent à examiner, ni les conditions nécessaires à sa validité, ni le rôle que la théorie de la cause peut jouer sur elle. Nous reviendrons, du reste, sur cette question lorsque nous parlerons des donations avec charge.

La théorie de la cause, malgré l'opinion des jurisconsultes distingués qui pensèrent que les contrats unilatéraux démontreraient à merveille l'intérêt de son existence, n'a reçu pourtant, justement en ce qui concerne la classe de contrats qui nous occupent, que de bien maigres applications. L'exemple le plus pratique que je puisse citer d'une convention unilatérale déclarée nulle pour défaut de cause, est celui d'une traite acceptée par le tiré et dont la provision fait défaut. Toute lettre de change suppose, en effet, une obligation unique à la charge du tiré et en faveur de tireur. Mais s'il est évident que ces écrits ne sont que la conséquence d'un acte juridique antérieur, ouverture de crédit, vente ou prêt, qui forme ce qu'on

appelle la provision de l'effet, il arrive souvent que des
fils de famille ou des commerçants aux abois, en émet-
tent sur des personnes qui ne leur doivent absolument
rien, et qui pourtant n'hésitent pas à les accepter.
Sans nul doute, le tiré, malgré son acceptation, n'est
nullement obligé *envers le tireur*, ce qui se comprend
du reste aisément. Une obligation, en effet, peut avoir
pour raison d'être un contrat (1), un quasi-contrat,
un délit, un quasi-délit ou la loi; eh bien! lorsqu'aucune de ces cinq raisons génératrices n'existe, ce
qui arrive justement dans notre hypothèse, on peut dire
qu'il n'y a pas d'obligation, en dehors de toute idée de
cause finale. Cette dernière théorie que la jurisprudence
invoque, ne semble bonne que pour embrouiller des
notions difficiles, et qui ont besoin d'une analyse délicate et précise.

Les lettres de change sont pourtant des écrits qui,
par leur forme même, sont appelées à circuler, ainsi que
les créances qu'ils constatent. Cette circulation se fait
par voie d'endossement. Chaque endossement succes-
sif, en commençant par l'émission même de la lettre
de change, n'est autre chose que la transmission d'une
créance. Celui qui endosse se reconnaît ainsi avoir été

---

1. Et pour que le contrat existe, il faut qu'il réunisse toutes les conditions nécessaires à sa validité ou à son existence, capacité. objet, consentement. L'acceptation d'une lettre de change dont la provision
fait défaut, implique un consentement, mais le défaut de la *res*, de
la provision, empêche la naissance de toute obligation *directe* à la
charge du tiré et en faveur du tireur.

le débiteur du porteur, et ceci à raison d'une *res* que
ce dernier lui avait donnée, ce qu'on appelle dans le
langage commercial « la valeur fournie ». Depuis la
naissance jusqu'à la fin de l'existence d'une lettre de
change il y a autant de contrats qu'il a eu d'endosseurs
et de porteurs successifs. Chacun de ces contrats a certainement exigé pour sa validité, la capacité des parties, le consentement, et une *res*, une valeur fournie ;
dès que ces éléments ont existé, il y a eu nécessairement une cause, de sorte que cette théorie nous paraît complètement inutile, même dans l'hypothèse que
nous venons d'examiner.

Du reste, dans la transmission d'une créance, par
voie d'endossement ou de toute autre manière, lorsque du moins l'acquéreur paie la cession, il ne faut
pas voir un contrat unilatéral, mais une convention
parfaitement synallagmatique, engendrant une double
obligation, mais dont la moitié, ou bien a été constatée dans un acte séparé ou, au contraire, a reçu une exécution immédiate. Toute cession à titre onéreux n'est
autre chose, en effet, qu'un échange ou une vente, ayant
pour prix la somme promise ou payée par le cessionnaire, et pour *res* la créance cédée ; en l'absence de l'un
ou de l'autre de ces deux éléments, le contrat est nul
pour défaut d'objet. Quant à la théorie de la cause, elle
est incapable soit d'éclaircir, soit d'ajouter quelque
chose de nouveau à ce résultat.

En examinant les cas que M. Laborde a proposés

pour soutenir l'utilité de la cause en ce qui concerne
les contrats unilatéraux, j'ai déjà démontré que le but
illicite, que l'emprunteur poursuivait en empruntant,
n'est d'aucune considération en ce qui concerne la validité de la convention. Mais, laissant de côté ce point,
qui ne nous paraît pas susceptible d'être sérieusement
discuté, demandons-nous à présent, si un contrat unilatéral peut être déclaré nul pour une cause illicite.

Et tout d'abord, je crois utile d'observer, qu'en général, il est bien difficile de trouver une convention illicite
dans la classe de contrats qui nous occupent. Le caractère immoral du contrat dépend, en effet, ainsi que
je l'ai déjà dit, de l'immoralité de la *res*, et cette dernière n'a ordinairement ce défaut, que lorsqu'elle consiste dans un *fait* négatif ou positif, et j'emploie cette
expression dans son sens restreint. Mais lorsque la *res*
consiste dans une chose matérielle, pouvant faire l'objet d'une *datio,* et c'est cette *res* unique qu'on peut imaginer dans un contrat unilatéral se formant *re*, il est
bien difficile de comprendre, comment elle peut être
immorale. On peut pourtant trouver certains cas de ce
genre ; ainsi supposons un *mutuum* ayant pour *res* un
objet de contrebande ; certainement la convention est
illicite et par conséquent nulle ; mais la théorie de l'objet seule nous conduit parfaitement à ce résultat ;
quant à la notion de la cause, elle ne peut jouer encore ici que son rôle habituel, son rôle de doublure
inutile, n'ayant d'autre effet que celui de troubler des
idées précises et nettes.

M. Artur (1), dans son excellente thèse de doctorat, tout en combattant l'ensemble de la théorie de la cause, semble pourtant lui reconnaître un certain effet dans la classe de contrats qui nous occupent. Il serait possible, d'après lui, de trouver une convention unilatérale dont la cause ferait défaut, malgré la présence de tout autre élément nécessaire à son existence, dans l'hypothèse d'une promesse extorquée par violence. La théorie de la cause aurait ainsi pour effet de transformer en nullité absolue la nullité relative édictée par les art. 1115 et 1117 de notre code ; « de telle sorte, comme continue à nous dire notre auteur, que la violence aboutirait tantôt à une nullité radicale, tantôt à une nullité relative ; tantôt elle ne produirait même pas une obligation annulable, tantôt elle en produirait une. Elle n'en produirait pas lorsqu'elle constituerait un cas d'absence de cause, c'est-à-dire lorsqu'elle aurait pour objet de provoquer une promesse unilatérale. Elle produirait une obligation annulable, quand elle n'exclurait pas la cause naturelle du contrat, ce qui arriverait lorsqu'elle serait employée pour déterminer un contrat synallagmatique. »

En admettant un moment que le point de vue auquel M. Artur s'est placé était bon, notre auteur aurait pu, en poussant jusqu'au bout les conséquences du raisonnement qu'il venait de toucher, nous indiquer un autre intérêt beaucoup plus étendu, que présente-

1. Artur, *op. cit.*, p. 185 et suiv.

rait la notion de la cause. Si ce dernier élément peut, en effet, faire défaut, lorsque le consentement est vicié et, par suite, nous conduire *seul* à une nullité radicale, là où en son absence nous n'aurions eu qu'une nullité simplement relative, on aurait pu supposer un cas où, le contrat restant pleinement valable, malgré l'existence d'une violence, les dispositions des art. 1131 et s. nous auraient conduit à une nullité absolue. Cette dernière théorie aurait ainsi pour effet, non pas uniquement de renforcer une nullité déjà existante, mais d'en engendrer une, là où la violence à elle seule ne pouvait pas en produire. Ce cas aurait pu se présenter dans l'hypothèse prévue par l'art. 1114 de notre Code, qui nous parle il est vrai, d'une violence plutôt morale que corporelle, en nous disant que « la seule crainte révérentielle ne suffit point pour annuler le contrat ».

Malheureusement pour notre théorie, du moins en ce qui concerne la classe de contrats unilatéraux qui nous occupent, l'hypothèse prévue par M. Artur, est loin de démontrer son utilité. Si, en effet, notre auteur trouve que cet élément existe, malgré la violence employée pour déterminer un contrat synallagmatique, et qu'il n'y a qu'une convention annulable, lorsque le revolver à la main, je vous oblige à consentir la vente de votre maison ; on ne peut sûrement pas soutenir que la cause fasse défaut, lorsque je vous oblige de la même manière *à me rendre la somme que je vous ai prestée*. Certes il en sera tout autrement lorsqu'aucune prestation de ma part n'a eu lieu en votre faveur ; votre obligation dans ce cas, sera non seulement annulable, mais inexistante, et cela parce qu'il n'y a pas eu de *res transmise*, condition essentielle à l'existence de l'obligation de l'emprunteur.

Ainsi, tout d'abord, lorsque quelqu'un promet une certaine somme, parce qu'il a peur d'être tué, si la promesse a pour raison d'être, en dehors de la violence, une prestation antérieure, elle n'est assurément pas viciée sur le terrain de la cause. Certes la preuve de la violence du stipulant, dont le promettant a été la victime, peut avoir pour effet d'obliger le premier à prouver la numération des espèces ; mais en laissant de côté cette question de preuve, on peut dire que la validité de la promesse n'est point susceptible de produire de grandes difficultés.

Si en second lieu une personne promet sous l'empire d'une violence, une somme dont elle n'était point débitrice, et c'est certainement l'hypothèse à laquelle M. Artur a dû uniquement penser, malgré la généralité des termes employés, nous nous trouvons devant une obligation unilatérale, et à *titre gratuit*, devant par conséquent réunir toutes les conditions nécessaires à l'existence de ce dernier genre de contrats. Quant à la question de savoir si la cause en est une, c'est un point que nous examinerons bientôt. Pour le moment, constatons que, la violence intervenant pour fortifier, si je puis ainsi parler, une obligation unilatérale se formant *re*, ne peut certainement pas avoir plus d'effet que celle qui s'exerce pour engager quelqu'un à passer un contrat synallagmatique. L'utilité donc de la théorie de la cause, signalée par M. Artur, ne peut pas exister dans la classe de contrats qui nous occupent. Notre opinion ne sera pas différente en ce qui concerne les promesses gratuites, à l'examen desquelles, nous arrivons immédiatement.

CHAPITRE VII

LA CAUSE DANS LES LIBÉRALITÉS

« De quelque manière que l'on veuille tourner et retourner
les dispositions à titre gratuit, il est impossible d'y voir
autre chose que l'exercice d'un droit se traduisant par un
acte manifestant la volonté de donner, *animus donandi* ».
Huc dr. civ., t. VI, n° 39.

I

La théorie de la cause et la persistance des jurisconsultes à vouloir la chercher même dans la classe
de contrats qui vont nous occuper ; leur volonté de distinguer cette notion de tous les autres éléments que la
loi exige, *expressis verbis*, pour leur existence ou leur
validité ; leur persévérance en troisième lieu à vouloir
lui attribuer les conséquences qu'elle comporte, d'après
les art. 1131 et 1133 de notre code, ont été la source
de difficultés inextricables de contradictions et de controverses, dont la solution n'est point assurément très
prochaine.

Et tout d'abord, que faut-il entendre par cause dans
un contrat à titre gratuit ? D'après l'opinion de la presqu'unanimité de nos auteurs classiques, c'est *l'ani-*

mus donandi ; l'intention d'exercer une libéralité (1) ; la libre détermination d'exercer un acte de bienfaisance (2) ; c'est la volonté abstraite chez le donateur de se dépouiller gratuitement (3) ; c'est la raison immédiate de ne pas obtenir d'équivalent à la prestation qu'on fait (4). « La cause de l'obligation de bienfaisance, nous dit de son côté M. Daufresne (5), causaliste convaincu, réside entièrement dans la volonté de donner, volonté libre, indépendante de tout contrôle et de toute règle ».

Pour prouver l'exactitude de toutes ces définitions parfaitement concordantes entre elles, on peut invoquer, en dehors de l'opinion de Pothier (6) qui nous disait que, « dans les contrats de bienfaisance, la libéralité que l'une des parties veut exercer envers l'autre, est une cause suffisante de l'engagement qu'elle contracte envers elle », les paroles que Portalis (7) prononçait lors de la discussion au conseil d'État, et qui résument merveilleusement, l'ensemble des définitions que nous venons de citer : « Dans les contrats de bienfaisance, nous disait-il, la cause est la bienfai-

---

1. Colmet de Santerre, *op. cit.* T. V, n° 46 *bis*, II.

2. Aubry et Rau, *op cit.* N° 651.

3. Bartin. Théorie des conditions impossibles, illicites ou contraires aux mœurs, p. 564.

4. Bartin, *op. cit.*, p. 362.

5. Daufresne. Thèse pour le doctor. N° 164.

6. Pothier, *Traité des Obligations*, 1re partie, ch. 1, s. 1, art. 3, § 6, N° 42.

7. Locré XIV, p. 78, n° 1.

sance même ». Je n'hésite point à faire miennes toutes ces définitions, et en acceptant pour le moment que les art. 1131 et 1133, ainsi que toutes les conséquences qu'ils comportent, doivent s'appliquer à la classe de conventions qui nous occupent, je dirai, pour être conséquent avec moi-même, que toutes les fois que l'esprit de bienfaisance fait défaut ou que cet esprit est illicite ou immoral, il faudra annuler, en se basant sur les art. 1131 et 1133, la donation tout entière, quoique réunissant tous les autres éléments nécessaires à son existence.

On le voit, jusqu'à présent, rien ne semble plus logique et plus net ; en se plaçant, du reste, sur un terrain purement abstrait, on ne peut que se féliciter de cette exigence légale.

Rien ne doit se faire, en effet, comme dit Senèque, sans que l'on consulte la raison, et lorsque je donne, je verrai quand, à qui, comment et *pourquoi* je donnerai (1). Le philosophe romain paraît d'ailleurs être d'accord avec l'opinion des jurisconsultes modernes, lorsqu'il examine en quoi doit consister le pourquoi, la cause de la donation. La bienfaisance, nous dit-il, est une chose désirable en elle-même, et l'unique but que doit se proposer le bienfaiteur, *c'est l'avantage de l'obligé* ; voilà, continue-t-il le but auquel il faut tendre, *en laissant*

---

1. Senèque, de *Benefic.* Liv. IV, § X. « *Videbo quando dem uni dem, quem ad modum, quare. Nihil enim sine ratione faciendum est, Non est autem beneficium, nisi quod ratione datur.*

de côté notre intérêt personnel. Et plus bas : n'importe à qui l'on donne et comment l'on donne, c'est toujours un bienfait (1)... Ce n'est, en effet, ni du profit, ni du plaisir, ni de la gloire, que je veux tirer de mon bienfait, si je contente celui qui reçoit, c'est assez (2).

Une remarque se présente pourtant immédiatement à l'esprit. C'est que Senèque se plaçait sur un terrain tout autre que celui sur lequel le législateur doit se placer. Il examinait la question au point de vue philosophique et purement moral, et il s'agit justement de savoir si un examen pareil, de la part des jurisconsultes, pourrait avancer en quoi que ce soit la science du droit, et conduire le praticien à des résultats qui ne soient pas déjà acquis. Comment peut-on supposer en un mot, une idée de bienfaisance faisant défaut, dans une donation réunissant pourtant tous les autres éléments essentiels à son existence? Comment peut-on imaginer ensuite un caractère immoral dans une idée de bienfaisance? Ce sont là les deux principaux points de notre chapitre.

II

Le consentement du donateur et celui du donataire, la volonté de donner et d'acquérir, ont été considérés

---

1. Senèque *op. cit.* Liv. IV, § IX, » *Ergo beneficium per se expetenda res est, uni spectatur in eo, accipientis utilitas : ad hanc accedamus, repositis commodis nostris* »... *Quæ, quocumque loco, et quocumque modo dare beneficium erat.*

2. Sén. *op. cit.* § X. *Non lucrum ex beneficio capto, non voluptatem non gloriam, uni placere contentus in hoc dabo.*

partout et toujours, comme un élément indispensable, comme une condition *sine qua non*, de toute donation. Le législateur français, pour des raisons que je n'ai point à examiner ici, a cru devoir soumettre cette double manisfestation de volontés à des formes particulières, et qui démontrent dans toute libéralité, avec une force particulièrement saillante, *l'animus donandi* des disposants. Dès que ce consentement existe, l'esprit de bienfaisance apparaît, et vouloir établir une ligne de démarcation entre ces deux éléments, ce serait plus que du temps perdu, ce serait s'aventurer sur un domaine psychologique complètement étranger à notre science.

A l'appui de la justesse de ma manière de penser, je crois pouvoir invoquer les partisans mêmes de la théorie de la cause. Ainsi M. Bartin nous parle *d'indépendance idéale* en voulant distinguer la cause du consentement. « La cause de la donation nous dit-il... se résout en une détermination volontaire et réfléchie, *idéalement* indépendante de la volonté de s'obliger » (1). M. Daufresne, lui, on dirait que c'est tout en le regrettant qu'il nous dit, malgré tout son désir de rester fidèle à sa théorie de la nécessité d'une cause dans toute obligation, que cet élément « est renfermé théoriquement du moins dans le consentement, que l'analyse peut l'en faire sortir, et qu'il ne se confond avec celui-ci, qu'au point de vue pratique » (2).

1. Bartin, *op. cit.*, p. 368-9.
2. Daufresne, *op. cit.*, n° 165.

Mais alors, puisque la cause n'est indépendante du
consentement qu'au point de vue idéal; puisqu'en pratique il y a là deux éléments qui se confondent, pourquoi ne pas se contenter de l'élément concret, mais
rechercher, en outre, cette notion abstraite... la cause
de la donation !!! M. Bartin croit peut-être nous l'expliquer en nous disant que « de ces deux faits *idéalement* indépendants, le premier dépend du second, en
ce sens que celui-ci lui donne sa signification précise
et sa portée véritable, en un mot, le rend intelligible » (1). Mais je puis observer que pour rendre le
consentement intelligible tout à fait, il nous faut aller
encore plus loin ; après la première réponse au pourquoi
de notre consentement, il nous faut poser un second
pourquoi, et nous trouvant ainsi, après cette seconde
réponse, en face non plus de la cause, mais des motifs
de la libéralité, nous serons en mesure de comprendre
beaucoup mieux la donation tout entière, c'est ce que
faisait du reste le moraliste latin lui-même (2) ; pourquoi ne pas suivre jusqu'au bout son exemple, pourquoi s'arrêter à la cause, tandis que l'examen des motifs rendrait autrement intelligible l'acte tout entier ?

Certes les partisans de la théorie de la cause repoussent cette manière de voir, et pourtant elle nous paraît

1. Bartin, *op. cit.*, p. 349.
2. «... *Quod opportet autem, non est sine electione : quæ qualis futura
sit interrogas?... Eligam virum integrum, simplicem, memorem gratum,
alienem abstinentem, sui non avare tenacem, benevolum...* » Senèque, *op.
cit.*, Liv. IV, § X et XI.

avoir une place toute marquée, dans les sphères philosophiques et idéales, au milieu desquelles cette notion nous oblige de voguer.

Lorsque je dis que les partisans de notre théorie repoussent ce système, je ne suis peut-être pas d'une parfaite exactitude; comme je le démontrerai ultérieurement en effet, on a bien souvent, soit proposé d'examiner les motifs et non pas la cause, telle que Pothier nous l'a transmise, surtout pour pouvoir déterminer le caractère licite ou illicite de la libéralité; soit appliqué à la théorie des motifs les principes et les conséquences que la loi attribue à la cause, en ayant soin de leur donner la seconde qualification. Nous rencontrons encore dans cette dernière hypothèse, une confusion, qu'on aurait pu éviter, en n'appliquant pas la notion de la cause, la théorie du consentement pouvant la remplacer à merveille. Du reste, est-il bien sûr que cette confusion n'est point volontaire?

S'il est vrai que dès qu'on approfondit une matière on voit apparaître de plus en plus ses avantages et ses inconvénients, on reconnaîtra que les défauts de la théorie de la cause des donations, dépassent de beaucoup ses avantages. Un grand nombre d'auteurs en effet, quoique semblant au début de leur exposé sur la matière qui nous occupe, tout disposés à la défendre jusqu'au bout, contre les critiques que lui adressèrent des esprits puissants, capitulent au dernier moment, devant les exigences contraires de la plus simple logique.

Je puis citer tout d'abord M. Laborde, qui n'hésite pas à nous dire, malgré la sévérité des paroles qu'il commence par adresser aux adversaires des art. 1131 et 1133 que « la théorie de la cause est absorbée au point de vue du résultat par la théorie du consentement dans les contrats à titre gratuit » (1).

Le professeur Laurent lui-même, nous paraît émettre deux avis contradictoires, en ce qui concerne l'utilité pratique de la notion de la cause dans les conventions gratuites.

Au onzième volume de son œuvre capitale, le célèbre jurisconsulte belge nous dit, en défendant l'utilité d'une cause dans les donations : « Le seul fait de consentir ne suffit pas, il faut que le consentement ait un motif juridique, ce motif juridique est la cause de la libéralité, la loi se contente du sentiment qui nous porte à faire du bien, parce que c'est un bon sentiment ; elle approuve la donation qui est dictée par ce sentiment : voilà la cause. Si ce sentiment n'existe pas chez le donateur, il n'y aurait pas de cause, et par suite pas de donation, le législateur n'ayant plus aucune raison de sanctionner un acte qui n'est pas la volonté de faire le bien. Par la même raison, il peut y avoir fausse cause dans une donation, car la fausse cause d'après la doctrine généralement reçue, n'est autre chose que l'erreur sur la cause. En matière de donation il y aurait encore fausse cause, si la donation

1. Laborde. *Rev. de dr. de lég. et de jur.* 1881, p. 402, note 3.

indiquait comme motif juridique de sa libéralité l'affection, la reconnaissance, et que ces motifs fussent faux, le véritable motif étant la rémunération d'un service, le payement d'un salaire. Resterait alors à voir quel est ce service : s'il consistait en un fait immoral, il y aurait certainement cause illicite et par suite la donation serait viciée dans son essence. Le législateur peut-il donner sa sanction à ce qu'il prohibe? Notre conclusion est que la théorie de la cause reçoit son application aux donations » (1).

S'il y a quelque chose qui frappe dans le passage que je viens de citer, c'est la confusion qui a certainement existé dans l'esprit de notre auteur, entre la cause et les motifs, confusion qui, chez un maître tel que Laurent, étonne, comme le remarque M. Huc (2). D'après ce passage, continue à observer ce dernier auteur, « le juge aurait à vérifier si le motif est ou n'est pas légitime, s'il est ou non inspiré par le désir de faire du bien... un pareil envahissement de la conscience est inadmissible dans une société laïque ».

M. Laurent lui-même, du reste, semble avoir complètement oublié la conclusion qu'il vient de donner ; quelques volumes plus bas, en effet, il n'hésite pas à nous donner l'opinion suivante sur la cause des libéralités. « Dans la donation, nous dit-il, la cause se confond avec le consentement du donateur. Qu'est-ce, en

1. Laurent, t. XI, p. 658-9.
2. Huc. *Dr. civ.*, t. VI, n° 39.

effet, que la cause de la donation ? La volonté de confé-
rer un bienfait, c'est-à-dire la volonté de donner, donc
le consentement; est-il juridique de distinguer la volonté de donner du consentement, alors que le donateur ne consent, que parce qu'il a la volonté de donner? » (1) Ce qu'il y a de curieux pourtant, c'est que
notre auteur ne nous dit nulle part *expressis verbis*, qu'il
abandonne son premier avis, ce qui ne nous empêche pas
après tout de conclure en faveur de sa prédilection
pour sa dernière opinion, en nous basant sur cette
règle pleine d'inflexible logique, que non seulement
in testamentis mais partout, *novissimæ scripturæ præva-
lent ?* (2)

En cherchant à trouver un cas d'absence de cause,
ou de cause illicite dans les contrats unilatéraux se
formant *re*, qui entraînerait l'inexistence de la convention, même au cas où cette dernière réunirait tous
les autres éléments exigés par la loi, nous avons ré-
futé une hypothèse que M. Artur semble présenter
pour tous les contrats unilatéraux en général, mais
qui ne se comprend, en fait, que pour les libéralités
proprement dites, legs ou donations. Cet ingénieux jurisconsulte suppose une promesse extorquée par vio-

1. Laurent, *op. cit.* t. XVI, p. 156.
2. Je ne crois pas du reste que la remarque du maître, qu'il repro-
duit sur cette matière, l'enseignement que le professeur Ernst avait
donné à l'université de Liège, innocente en quoi que ce soit cette contradiction. On voit, en effet, en lisant les pages de Laurent, qu'il ne se
borne pas à reproduire, mais qu'il développe et fait pour ainsi dire
sien ce qu'Ernst le premier avait enseigné.

lence, ou par tout autre fait excluant la spontanéité. Eh bien, dans ce cas pourra-t-on nous objecter, en présence de l'art. 1131 de notre Code, puisque la donation entre vifs ou testamentaire, pas n'a été librement consentie, l'esprit de bienfaisance faisant défaut, on doit la déclarer inexistante. Cet article aurait ainsi pour effet de transformer en nullité absolue, la simple nullité relative que nous aurions eue sans lui.

Cette manière de voir paraît assez heureuse de prime abord, elle démontre, en effet, une certaine utilité de la théorie de la cause. De sérieuses considérations nous obligent pourtant à la repousser ; ceux qui seraient tentés de l'accepter, porteraient, en effet, du même coup, atteinte à nos principes les plus sûrs, à des idées admises universellement ; tout ce que les auteurs nous enseignent à propos des vices du consentement dans les actes à titre gratuit, de la suggestion ou de la captation, du dol, de l'erreur ou de la violence, serait foulé aux pieds ; on ne tiendrait plus aucun compte, ni des précédents historiques, ni des travaux qui précédèrent notre législation sur ce point. Sûrement le législateur de 1804, n'a jamais songé à cet effet de la théorie de la cause, contradictoire avec les règles qu'il nous donnait dans le cas de vices du consentement, et qui seules, doivent nous régir. La jurisprudence elle-même, s'est, du reste, bien gardée d'appliquer jusqu'au bout ces idées ; si on peut, en effet, indiquer certaines décisions judiciaires, déclarant

frappées d'une nullité radicale, les donations entre
vifs, passées sous l'empire de la violence, et ceci pour
absence de cause ou pour cause illicite, il nous a été
impossible de trouver un arrêt quelconque dans un
sens pareil, lorsque la violence ou les autres vices du
consentement ont eu pour effet d'extorquer une libéralité testamentaire. La timidité de l'emploi de la doctrine de M. Artur, ne prouve-t-elle pas suffisamment,
que ses partisans eux-mêmes ne pourraient avoir en
elle, qu'une confiance limitée ? (1)

III

S'il nous paraît difficile de supposer une donation
faite dans les formes voulues par la loi, à laquelle
pourtant l'esprit de bienfaisance ferait défaut, il nous
semble non seulement difficile, mais même point du
tout rationnel, de supposer un esprit de bienfaisance
en lui-même immoral.

La science du droit serait autre chose que l'*ars boni
et æqui*, si elle nous enseignait des théories opposées à
celles que la morale nous ordonne.

Un grand nombre d'auteurs causalistes, admettent

1. Serait-ce, du reste, bien pratique, que de supposer une donation
réunissant toutes les conditions de solennité que la loi exige pour son
existence, par exemple la présence d'un notaire, et pourtant contractée
sous l'empire de la violence ? Si je n'insiste pas sur cette objection
c'est qu'en premier lieu on aurait pu m'opposer les faits relatés dans
un arrêt de la Cour de Bordeaux, du 14 août 1876, confirmé par
la Cour suprême (18 juill. 1878, Sir. 79. 1. 339). Elle n'aurait d'ailleurs absolument aucune valeur en présence de la jurisprudence qui
valide les donations déguisées.

du reste sans difficulté notre manière de voir. Ainsi M. Daufresne (1) avoue « qu'il convient d'établir, que cette nullité ne peut se rencontrer dans les obligations de bienfaisance pour cause illicite ». M. Bartin lui-même nous dit à propos de la question qui nous occupe : « La cause de la donation ne peut jamais être illicite. Puisqu'elle se résout en un pur acte de volonté, elle est indépendante de tout objet, et de tout fait extérieur dont le vice pourrait l'atteindre. Il en est autrement dans l'acte à titre onéreux, parce que la cause de l'acte à titre onéreux, qui est la volonté d'acquérir tel objet ou d'amener tel fait, *est inséparable de cet objet ou de ce fait*. Le vice qui les affecte se communique successivement à elle. Mais dans l'acte à titre gratuit la source même du vice, qui pourrait contaminer la volonté du donateur, c'est-à-dire la cause de la donation, est supprimée. Elle ne pourrait reparaître que si l'on tenait compte des motifs auxquels a obéi le donateur et dont sa volonté libérale est le fruit. Mais alors on quitterait le domaine de la cause, pour entrer dans un domaine fermé au jurisconsulte, le domaine psychologique. » Les bornes de ce domaine que M. Bartin considère comme fermé aux jurisconsultes, ont été pourtant bien souvent franchies par eux.

Les motifs d'un acte de bienfaisance peuvent être

---

1. Daufresne *op. cit.*, n° 160.
2. Bartin, *op. cit.*, p. 369-370.

nombreux, et d'après l'opinion unanime des jurisconsultes causalistes ou non, ils ne peuvent avoir aucune
influence sur la validité ou l'existence de la convention,
à moins d'une clause expresse et contraire.

Que les motifs soient faux ou illicites, cela nous
importe peu, *falsa causa, falsa demonstratio* nous disait
la loi romaine, *non nocet*; cette règle est encore vraie
dans toute son étendue à notre époque, même dans
l'hypothèse où la donation ou le legs ont été faits *nomine pœnæ*, exception unique à la règle générale que
les Romains admirent, à partir d'Antonin-le-Pieux
jusqu'à Justinien. La volonté contraire des parties de
rattacher l'effet de la libéralité à l'existence des motifs
peut recevoir les formes d'une modalité, d'une condition : je vous donnerai 100 fr. si mon fils était reçu
demain à ses examens. Les principes sur les conditions devront être alors appliqués; ainsi leur non réalisation aura pour résultat, suivant les cas, d'empêcher
la naissance, ou d'entraîner la résolution du contrat,
leur caractère immoral n'aura d'autre effet que de les
effacer.

Les motifs n'intéressent donc nullement le jurisconsulte ; amour ou amitié, pitié ou reconnaissance,
vanité ou orgueil, ne doivent point être confondus
avec l'esprit de la bienfaisance, qui doit uniquement
nous intéresser, et dont l'immoralité est d'après nous
chose inconcevable. Ce n'est pourtant pas là l'opinion
de tous les auteurs, dont les uns soutiennent, les autres

ont commencé par soutenir (1), que l'acte peut être une libéralité et néanmoins avoir pour cause un fait illicite. J'ai déjà remarqué que cette manière de voir, reposait tout simplement sur une méprise ; deux admirables jurisconsultes firent, du reste, avec beaucoup de raison, la même observation que nous. « En étendant les articles 1131-1133, nous disent MM. Aubry et Rau, aux dispositions à titre gratuit, les auteurs que nous combattons ont confondu la cause des contrats avec les motifs, qui de fait peuvent avoir porté les parties à les former (2). » Quant à la jurisprudence, je me réserve d'examiner plus en détail quelques-unes de ses solutions. Pour le moment, qu'on me permette d'ajouter que la plupart des fois qu'elle a déclaré nulle une convention pour cause illicite, elle n'a fait qu'étendre aux motifs la disposition de l'art. 1133 de notre Code.

IV

Tout récemment quelques auteurs sentant ce qu'il y avait de fragile dans la théorie communément acceptée de la cause des donations (3), voyant dans la définition donnée « une pure abstraction », et voulant lui attribuer « un caractère absolument positif et concret », sont arrivés à donner à la théorie de la cause des donations, un sens tout nouveau, et je dirais volontiers

1. Laurent, *op. cit.* T. XI, p. 664. 2.
2. Aubry et Rau, *op. cit.*, n° 749.
3. Tarbouriech, *De la cause dans les libéralités*, p. 17.

complètement arbitraire, qui serait, d'après eux, celui que conçurent les auteurs du code eux-mêmes.

D'après M. Tarbouriech, la cause d'une libéralité ne serait pas, comme on le dit, la volonté de se dépouiller sans compensation. L'intention libérale se ramènerait à l'un de ces trois éléments, *bienfaisance, affection, gratitude*. Toute donation pourrait ainsi avoir une triple cause ; en dehors d'elle, nous devrions arrêter nos investigations, sans rechercher le mobile éloigné, la *causa causæ*. On ne devra pas, d'après notre auteur, rechercher quel a été le motif de l'affection du donateur envers le donataire. Ceci dit, je reprocherai, tout d'abord, à cette manière de voir, de vouloir invoquer en sa faveur un texte de Domat, que j'ai déjà cité dans le troisième chapitre de cette dissertation. Domat confondait entièrement, en effet, la cause et les motifs, mais il n'a jamais séparé, par exemple, comme notre auteur soutient qu'il faut le faire, le mérite du donataire, motif de la libéralité, de l'affection qui, d'après M. Tarbouriech, en serait la cause.

Ce qui discrédite, en second lieu, la valeur du système tout entier, outre sa nouveauté, c'est que son inventeur lui-même malgré son affirmation contraire, l'abandonne complètement lorsqu'il arrive à ses applications.

Même en supposant, en effet, que le législateur de 1804 exigeât une cause dans toute libéralité, et que dans son esprit cette cause ne fût autre que l'affection, la gratitude ou la bienfaisance, il n'en serait pas moins difficile d'appliquer l'art. 1133 de notre Code. Que sont donc les sentiments dont il s'agit, sinon des sentiments louables, qui ne peuvent en eux-mêmes, que démontrer chez le donateur un caractère vertueux et honnête. Comment pourrait-on supposer, du reste, un pareil sentiment illicite? ce ne serait rien moins, à mon avis, qu'un non sens que cette supposition... ce serait supposer des vertus... immorales...

M. Tarbouriech n'est pourtant nullement embarrassé, « il est facile, nous dit-il, de comprendre que l'affection qui a inspiré une donation peut être illicite, que la gratitude du donateur envers le donataire, peut avoir *sa source* dans des faits immoraux... (1) ». Ah! mais à présent je comprends... il faut donc aller encore plus loin, il nous faut aller jusqu'à la source de la gratitude ou de l'affection ;... Mais alors quelle différence pourra établir notre auteur, entre la source de l'affection, source qu'on doit rechercher, et dont le caractère immoral amènera la nullité de la convention tout entière, et les motifs de l'affection qui, d'après le même juriconsulte doivent nous être complètement indifférents ?

Pour ma part, je n'en vois aucune ; source et motifs d'une affection, ce ne sont que des expressions synonymes, contenant un fond identiquement pareil. Je relève donc une contradiction à la base même du sys-

1. Tabouriech, *op. cit.*, p. 18.

tème de M. Tarbouriech, système que j'abandonne du
reste sans m'attarder davantage, et que je considère,
pour employer une expression devenue classique, comme
une invention morte née, puisque son inventeur lui-
même n'a pas pu la développer sans la démolir.

Un des maîtres les plus distingués de la Faculté de
droit de Paris (1), en examinant au point de vue doctrinal
un certain nombre de décisions jurisprudentielles, a
émis sur la question de savoir comment doit être comprise et appliquée la théorie de la cause dans les libéralités, des idées, auxquelles il nous est impossible de
nous rallier. Certes M. Planiol a raison de penser qu'il
n'est pas le seul, « à n'être pas satisfait de la théorie
de la cause telle qu'elle est construite de notre temps ».
C'est un point que j'admets volontiers ; ce que je ne
saurais pourtant admettre, c'est qu'il faille étendre
cette notion et comprendre sous la large dénomination
de cause, les motifs de la libéralité, dont l'absence ou
le caractère immoral, auront pour effet d'anéantir la
donation ou le legs. Du reste l'éminent professeur avoue
que telle qu'on la comprend la notion de la cause des
libéralités est inconcevable.

« Pour nos auteurs, nous dit-il, une donation n'a
pas d'autre cause que l'intention libérale qui l'inspire.
Tous répètent de confiance ce qu'a dit Pothier. Autant
dire que la volonté de s'obliger n'a pas d'autre cause
qu'elle-même.

1. V. M. Planiol. Revue critique 1888.

Une cause ainsi entendue, réduite à une volonté abstraite, dégagée de tout motif, ressemble fort à une cause qui n'existe pas. L'intention libérale elle-même a besoin d'une cause pour se soutenir. Dans l'isolement où on la laisse, elle échappe à tous les vices qui pourraient la corrompre ; elle ne peut être ni licite ni illicite en elle-même, puisque tous les moyens d'apprécier sa valeur morale font défaut. Avec un pareil système on arrive à cette conséquence : qu'on ne trouvera jamais de cause illicite dans les donations, ce qui est difficile à admettre.

Il faut donc, pour estimer l'intention du donateur, en rechercher les motifs. Pourquoi le donateur a-t-il voulu donner ? Était-ce l'affection naturelle ? un lien de parenté ? une pensée de charité ? une ancienne amitié ? des services rendus ? et quels services ? C'est là qu'est la solution, c'est là qu'on trouvera des armes pour annuler les donations suspectes, et donner satisfaction à la loi et à la morale. »

. Que la théorie de la cause eût été plus logique, et susceptible de recevoir une grande application pratique, si elle existait telle que M. Planiol nous l'enseigne, c'est un point qui nous paraît indiscutable. Mais sous les lois qui nous régissent, cette façon de voir doit être, sans aucun doute, rejetée. Depuis la législation romaine jusqu'à nos jours en effet, tous les auteurs ont été d'accord pour penser que les motifs ne peuvent jouer absolument aucun rôle sur la valeur d'une libéralité ; les préparateurs du code ont, du reste, de la façon la plus formelle, répété à plusieurs reprises cette même idée, et je ne vois pas trop, sur quelle base on pourrait fonder l'opinion contraire. Certes en acceptant la solution de M. Planiol, on pourrait trouver « des armes pour annuler les donations suspectes ; mais il ne faut pas oublier qu'il y a de ces instruments dont l'usage n'est point permis, et ceci justement parce que leur emploi nous amènerait plus loin qu'on ne se l'imagine. Ainsi je doute, par exemple, que les partisans de cette doctrine voulussent déclarer nuls, pour défaut de cause, les donations ou les legs dont les motifs n'apparaîtraient guère ; et pourtant c'est là que leur opinion devrait logiquement aboutir.

V

J'ai supposé, jusqu'à présent, que dans l'esprit du législateur français, la cause devait être un élément essentiel à la vitalité de toute donation, élément qu'on devrait rechercher sans que le consentement puisse faire présumer son existence. S'il en est ainsi, je reprocherai aux jurisconsultes de 1804, malgré les termes absolus du dernier alinéa de l'art. 1108 de notre code, ainsi que des art. 1131-1133, de n'avoir pas été assez explicites sur la question qui nous occupe. Lorsqu'on innove, et c'est sûrement une innovation que cette exigence de la cause des donations, on doit être précis et net. Ce n'est, en effet, ni la *falsa causa* romaine, ni les textes de Domat, confondant la cause et les motifs, qui

auraient pu nous fournir son origine historique. Il ne
faudrait pas non plus la rechercher dans l'ordonnance
de 1731, qui a été la source principale à laquelle le
législateur s'est référé pour l'organisation de la matière
des donations. Eh bien, s'il en est ainsi, pourquoi notre
législateur a-t-il passé sous silence, cette théorie de la
cause dans le chapitre relatif à la matière des donations, malgré tous les détails minutieux qu'il nous
donne sur les éléments nécessaires à l'existence d'un
pareil contrat. Ce n'est, en effet, que lorsque nous
arrivons au titre suivant que nous sommes obligés d'induire qu'une cause est nécessaire pour l'existence de
toute donation, puisque la donation est un contrat et que
tout contrat exige une cause. Je ne nie certainement
pas qu'il y ait là une induction, qu'une parfaite *elegan-
tia juris* nous impose. Une objection se présente pourtant immédiatement à mon esprit. Si dans toute donation contractuelle, nous devons rechercher, en dehors
du consentement des parties, une intention libérale,
nous devrions, pour être conséquent avec nous-mêmes,
exiger ce même élément lorsque la donation est faite
par voie testamentaire. On ne comprendrait pas, en effet, deux sortes de libéralités, dont l'une aurait besoin
d'un *animus donandi*, devant être prouvé par des moyens
différents du consentement, tandis que l'autre n'exi-
gerait point d'élément pareil. Cette différence deviendrait, du reste, de plus en plus incompréhensible, surtout dans l'hypothèse, et c'est justement notre cas, où

le consentement, dans nos deux classes de libéralités, devrait être donné dans des formes spéciales et solennelles. Mais d'un autre côté, ne serait-ce pas complètement arbitraire que d'exiger une cause dans tout testament, lorsque la loi elle-même est absolument muette sur la question, et que les précédents historiques sont d'accord avec ce mutisme qui, sûrement, ne peut pas être considéré comme un oubli ? Ne serait-ce pas oublier le rôle d'interprète pour revêtir celui de législateur, que d'exiger une cause dans toute donation testamentaire? La question nous paraît inextricable; il y a sûrement là une contradiction légale, qui peut au besoin nous prouver, que notre législateur, ne voyait pas clairement toute la portée de la règle qu'il venait de poser.

Des auteurs ont pourtant, sans le moindre souci, étendu la théorie de la cause aux dispositions testamentaires. La raison en est simple ; c'est que la cause nous dit M. Tarbouriech, (1) et c'est là une idée que Laurent (2) avait déjà exprimée, n'est pas un élément artificiel, établi par la loi dans la matière des conventions, et devant y rester renfermé, c'est un élément naturel de toute obligation, comme l'est le consentement, dont elle est, a-t-on dit, un des éléments, un des moments. » En poussant jusqu'au bout les conséquences de cette formule de notre auteur, on arriverait à des résultats on ne peut plus inexacts.

1. Tarbourich, *op cit.* p. 18.
2. Laurent, *op. cit.* T. XI, p. 658-9.

Soit, j'accepte pour le moment que la cause soit un élément naturel de toute obligation, mais j'observe immédiatement que dans toute libéralité testamentaire, on ne poura pas tout d'abord exiger de la part du disposant cet élément, qu'il consiste dans un esprit de bienfaisance ou d'affection, et cela, parce que cette libéralité n'engendre aucune obligation à la charge du testateur, ce dernier pouvant à tout moment révoquer le legs.

On ne devrait pas non plus exiger la cause dans l'obligation de celui que le *de cujus* ou la loi chargèrent de l'exécution du legs, car en somme si après tout on persistait à le faire, on arriverait à déclarer dix fois sur dix, inexistants pour défaut de cause, ce genre d'obligations quasi-contractuelles ; les personnes, en effet, qui en sont chargées, ne ressentent, tout au contraire, pour les légataires, ni bienveillance, ni gratitude, ni affection, ni aucun autre des sentiments qui poussèrent le testateur à la libéralité.

En ce qui concerne la question de savoir si une cause est nécessaire dans les libéralités testamentaires, je dois pour la seconde fois relever une contradiction à la charge de Laurent. Ce jurisconsulte, en effet, paraît avoir complètement oublié dans les pages 658 et suiv. du onzième volume de son traité, ce qu'il nous avait déjà dit au numéro 159 de son quatrième volume, où il n'hésitait pas à affirmer « qu'il ne peut pas être question de cause dans le sens légal du mot, quand la libéralité est faite par testament ». Cette dernière manière de voir paraît, du reste, être celle que définitivement il adopte, lorsqu'il aborde l'explication des art. 1131 et 1133 de notre code.

VI

> « La nullité d'une donation pour cause illicite a donné lieu à tant de difficultés dans la doctrine et la jurisprudence, que dès que ces mots apparaissent dans un arrêt, on examine avec soin les lumières nouvelles que cet arrêt peut apporter pour la construction d'une théorie. » Labbé, note dans Sirey, 1879, 1, 323.

Toutes ces objections que nous venons d'adresser à la théorie de la cause, et qui rendent son application dans la matière qui nous occupe complètement inconcevable, n'ont nullement gêné la pratique jurisprudentielle.

La théorie de la cause des donations est par elle journellement appliquée, soit en ce qui concerne les libéralités entre vifs, soit en ce qui concerne les dispositions testamentaires. Il serait superflu d'ajouter, après tout ce que j'ai dit jusqu'à présent, que dans toutes ces hypothèses, ce n'est plus la cause telle qu'on nous l'enseigne qu'on applique, mais une théorie toute nouvelle dont on se sert depuis un certain nombre d'années, (1) soit pour tourner une disposition lé-

---

1. La question de savoir si la notion de la cause doit ou non être recherchée dans les libéralités, n'a pas été résolue par la jurisprudence toujours de la même façon. J'ai pu trouver en effet deux décisions, l'une du tribunal de Montdidier du 20 janv. 1863, maintenue en appel et en cassation (Dall. 1, 66, p. 377), qui nous disait que les dispositions à titre gratuit, n'ont pas été comme celles à titre onéreux expressément

gale, embarrassante et critiquable en elle-même, soit pour attribuer aux motifs des effets que la loi leur a refusés. Ce champ d'application peut être divisé en trois classes bien distinctes. La jurisprudence annule pour cause illicite : *a*. Les donations ou legs faits à des enfants incestueux ou adultérins, ou simplement naturels, et non légalement reconnus, lorsqu'ils excèdent la quotité que la loi leur permet de recevoir. *b*. Les dons entre concubins. *c*. Les donations conditionnelles dont la charge illicite est plutôt *la cause impulsive et déterminante* de la donation qu'une véritable condition. Un bref examen de ces trois hypothèses, démontrera la fragilité de la base sur laquelle la jurisprudence a voulu s'appuyer.

A

« La jurisprudence et les auteurs, nous dit la cour de cassation, qui sont d'avis que la libéralité faite à un enfant adultérin doit être annulée pour cause illicite, et non pour incapacité, exigent que cette libéralité et la reconnaissance, soient faites par le même acte, parce qu'elles ont alors entre elles un lien qui les unit l'une à l'autre, dans les rapports de cause à effet » et plus bas. « La nullité provient, non du fait même de la fi-

soumises aux principes consacrés par les art. 1131 et 1133 du C. Nap. » ; l'autre de la chambre des requêtes de la cour suprême, d'après laquelle « l'art. 1131 est sans application aux libéralités, lesquelles n'ont pas d'autre cause que le désir de gratifier ceux qui en sont l'objet. « Cass. 11 juillet 1868. Sir. 68, 1, 411.

liation, mais de la volonté que l'auteur de la disposition a eue, de faire de sa paternité, qu'elle soit légalement ou illégalement établie, qu'elle soit vraie ou fausse, la cause de cette disposition (1) ». Ce passage que je viens de citer résume, peut-on dire, le système jurisprudentiel tout entier.

Et, tout d'abord, les tribunaux ne pouvaient pas, sans se heurter à des obstacles légaux et formels, déclarer la libéralité nulle pour cause d'incapacité. Ils auraient ainsi créé une nouvelle classe d'incapables à côté de celles que la loi nous indique. Les enfants naturels irrégulièrement reconnus, ainsi que les enfants adultérins et incestueux sont, en effet, des personnes auxquelles la disposition de l'art. 908 est inapplicable. Ils sont considérés par la loi, pour employer une heureuse expression de M. Timbal, comme des étrangers devant être traités comme tels, quant à la capacité de recevoir ; décider autrement, ce serait admettre un mode de reconnaissance d'enfants naturels repoussé par la loi.

La jurisprudence a été pourtant, paraît-il, choquée des résultats auxquels nous conduisait l'application naturelle de nos principes les plus sûrs. De cette manière, on arrivait, en effet, à permettre, en faveur des enfants adultérins ou incestueux, des libéralités dépassant de beaucoup les limites d'une disposition alimentaire. Il fallait donc trouver un moyen quelcon-

1. Dalloz, 1860, 1, 458.

que de modifier, en les identifiant entre eux, les effets contradictoires de ces principes. La théorie de la cause fût ainsi, une fois de plus, un moyen détourné d'échapper à la loi.

L'évolution de cette jurisprudence me paraît pourtant s'être arrêtée avant son terme, en décidant que « la preuve de l'opinion que le testateur avait de sa paternité, ne peut être légalement acceptée qu'autant qu'elle se présente d'elle-même, entière et complète, et que, résultant des dispositions attaquées, elle ne permet pas de mettre en doute l'influence déterminante qu'a dû exercer sur ces dispositions l'opinion du testateur, que ceux qu'il gratifiait étaient ses enfants ; cette preuve ne peut s'induire, avec ce caractère de certitude nécessaire, pour invalider un acte complet et régulier en lui-même, que de l'acte de disposition. » (1). Si donc la preuve que la paternité adultérine était la seule raison de la libéralité, résultait d'un acte différent, la donation ou le legs seraient inattaquables.

Les auteurs mêmes dont les vues sont conformes à celles de notre arrêt, critiquent cette scission de la preuve de l'opinion du testateur, opinion sous l'influence de laquelle la donation a été faite. Les arguments, en effet, que les tribunaux invoquent, sont d'une extrême faiblesse. Ni l'indivisibilité de l'acte, ni la bravade de celui qui, se déclarant tout haut le père

1. Baudry-Lacantinerie, *op. cit.* T. II. N° 853.

d'une filiation incestueuse ou adultérine, donne ou
lègue des sommes considérables au fruit de ses for-
faits, ne sont pas, en effet, des considérations suffi-
santes, pour qu'on pût baser raisonnablement les
attendus de cette thèse jurisprudentielle. Quant au
troisième argument que les tribunaux invoquent, et
qui consiste en ce que la preuve que l'opinion de
la paternité du disposant a servi de base à la donation,
est plus sûre, lorsque cette opinion résulte de l'acte
même de disposition, il n'est pas difficile d'y répondre.
Il me suffit de supposer, avec M. Tarbouriech, un testament refait, pour effacer la mention compromettante ;
est-ce que dans ce cas la base de la donation, sera
moins claire ?

Je crois, du reste, complètement inutile d'examiner
plus en détail cette fragile argumentation, sur la valeur de laquelle il m'est impossible de croire que les
magistrats français eux-mêmes s'illusionnent. Ne la
critiquons donc pas, tôt ou tard la jurisprudence arri-
vera jusqu'au bout, en déclarant nulle pour cause
illicite, tout legs ou donation faits à un enfant adultérin ou incestueux ; si elle ne l'a pas fait jusqu'à présent, c'est qu'elle n'a pas voulu, suivant son habitude,
renverser trop brusquement les principes de notre
code, qui veulent que ces filiations ne puissent être
prouvées, en dehors de rares exceptions, qui seules
rendraient incapables de recevoir de leurs parents, les
enfants de l'adultère et de l'inceste. Laissons donc de

côté la critique de cette scission, et revenons à l'examen du système tout entier ; voyons si la théorie de la cause des donations pouvait être raisonnablement invoquée dans l'hypothèse qui nous occupe. Nous ne serons pas obligé d'aller chercher bien loin, pour nous fixer. Les jurisconsultes causalistes nous fournissent, en effet, la réponse. La cause d'une donation, nous disent-ils, c'est une pensée généreuse, un sentiment de bienveillance, une idée de libéralité. « Comment donc la cause d'une donation pourrait-elle avoir en soi un caractère illicite ? Le but immédiat que poursuit le donateur, c'est de gratifier le donataire ; envisagée en soi, et indépendamment des motifs qui la déterminent, c'est là une bonne action, et le législateur n'a pu la flétrir en la marquant du stigmate de la cause illicite (1). »

M. Tarbouriech, pour soutenir la théorie de la jurisprudence, aime à se placer sur le domaine de l'affection, en la considérant comme la cause de la libéralité. « Un homme, nous dit-il, fait une donation ou un legs à son enfant. Cette libéralité a pour cause l'affection qu'il lui porte, cela est évident ; cette cause est-elle licite ? Oui, sans aucun doute, si l'enfant est légitime. Non, si l'enfant est adultérin, l'affection d'un homme pour ses enfants adultérins est illicite »... Eh bien non !.. l'affection n'a point, même dans notre cas, un caractère illicite, c'est plutôt le fait contraire, la non affection, qui serait immorale et condamnable. La na-

ture impose à tout homme vis-à-vis de ses enfants, et
sans aucune distinction, des sentiments d'amour et
d'affection, la loi ne peut jamais avoir la force de détruire ce que la nature exige et veut. Elle serait, du
reste, bien immorale cette loi-là, qui dirait au père ou
à la mère d'un enfant adultérin : Je vous défends de
l'aimer ; ce serait lui imposer de commettre une seconde injustice envers un être innocent. L'affection ne
peut donc jamais être immorale. Ah certes ! la loi pouvait prohiber les donations excessives faites à des enfants légalement reconnus comme incestueux, adultérins ou simplement naturels ; et la loi française l'a
fait, mais il faut bien se garder de soutenir que ce soit
le caractère illicite de ces affections qui lui a servi de
base. En agissant ainsi, elle s'est placé sur des considérations essentiellement différentes, dans les détails
desquelles il nous paraît impossible d'entrer, sans
élargir démesurément le cercle de notre étude.

En poussant jusqu'au bout les conséquences de ce
système qui s'appuie sur la théorie de la cause illicite,
pour déclarer nuls les dons ou legs qui nous occupent,
nous aboutirons à l'effet suivant. Supposons une libéralité, excédant le disponible de l'art. 757, faite à un
enfant naturel simple, et ayant pour cause indiscutable l'affection provenant de la filiation, qui pourtant
n'est point régulièrement établie. Que faut-il décider
dans ce cas ? D'après nous, on devrait valider la donation tout entière. D'après le système de M. Tarbou-

riech et consorts, on devrait non pas annuler dans son ensemble la libéralité, car la loi elle-même la permet dans une certaine mesure, mais la réduire jusqu'au montant indiqué par les art. 757 et suiv., non pas en se basant sur l'incapacité du donataire ou légataire, mais sur la théorie de la cause illicite. L'affection du père naturel serait ainsi, si une pareille comparaison m'était permise, cotée par la loi comme une valeur quelconque, admise dans les transactions officielles de la Bourse : Elle serait une cause morale en deçà, immorale au delà d'une certaine limite. Rien que l'aperçu d'un pareil système nous démontre, qu'il n'est point facile de tourner la loi par des combinaisons, auxquelles le législateur lui-même n'avait sûrement pas pensé. Du reste la jurisprudence elle-même ne nous paraît pas avoir grande envie d'invoquer la théorie de la cause dans cette dernière hypothèse ; elle s'appuie, en effet, pour arriver à réduire une donation faite à un enfant naturel irrégulièrement reconnu, sur un ordre d'idées tout différent et non moins critiquable. Je me contente de renvoyer à un arrêt de la cour de Caen du 11 déc. 1876. (Dall. 78, 5, 122).

B

La question de la tolérance légale ou non des dons entre concubins, à propos de laquelle on a invoqué tout, même la loi de Moïse (1), devait en second lieu,

---

1. Recueil de l'académie de législation de Toulouse, 1858, p. 272 et suiv. Delpech. Du reste la loi de Moïse n'est pas aussi explicite que notre auteur aime à le croire.

fournir l'occasion à certains jurisconsultes causalistes, de faire intervenir leur notion favorite.

Et tout d'abord, je laisse complètement de côté la question de la nullité du legs ou de la donation, pour cause de captation ou de suggestion ou pour cause d'interposition de personnes, et je me demande si la théorie de la cause illicite à elle seule, pouvait avoir pour effet d'interdire les donations qui nous occupent. A la question ainsi posée, la jurisprudence semble avoir répondu, non sans une certaine timidité, il est vrai. Elle a cru bon, et j'emprunte l'expression à M. Planiol (1), pour ne pas sacrifier entièrement le respect dû aux bonnes mœurs, et donner carte blanche à des spéculations éhontées, d'élaborer un nouveau système de répression, qui remplace tant bien que mal une ancienne prohibition. D'après la doctrine de ses arrêts, la libéralité est nulle pour cause illicite, si le donateur a pour but, soit de récompenser dans le passé de coupables complaisances (2), soit de se les assurer dans l'avenir par l'appât de la donation (3).

1. Planiol, Revue critique, 1888, p. 706.

2. Voir un art. de M. Lebret, dans le *Journal du droit*, année 1890, 15 janv. La jurisprudence paraissait assez hésitante pour l'emploi de la cause illicite dans ces donations : elle exigeait tout d'abord que le concubinage résultât de l'acte même de la libéralité ; en second lieu elle n'annulait, dans une certaine mesure, que les donations qu'elle pouvait travestir en marchés onéreux (V. Planiol, *op. cit.*), ce qui l'amenait à maintenir toutes celles qui se faisaient après la cessation du concubinage. Les arrêts que je cite démontrent que cette dernière limite n'est point du tout respectée. V. aussi un arrêt de la Cour de Paris du 15 fév. 1893. *Pand. fr.* 94. 2. 10.

3. V. un arrêt de la Cour de Rouen, 21 nov. 1890. Rapporté dans le *Journal des notaires et des avocats* en 1893, n° 25061.

Assurément cette manière de voir, ne pouvait avoir pour effet, d'enlever à la théorie de la cause l'inutilité que je crois pouvoir lui reprocher. Les critiques, du reste, que les partisans de cette théorie adressèrent à ce système peuvent être invoquées en faveur de l'opinion que je défends.

Si le législateur de 1804, avait voulu en effet empêcher les donations qui nous occupent, il n'avait qu'à laisser intact un article du projet qu'il a cru bon de supprimer (1), et ce n'est certainement pas pour revenir sur ses pas, qu'il a décrété la théorie de la cause.

Mais en somme, puisqu'il faut distinguer la cause et les motifs, et que ces derniers ne jouent absolument aucun rôle sur l'existence de la convention, puisque la cause consiste uniquement dans l'intention libérale,

---

1. Cet article du projet tirait son origine d'une règle de l'ancien droit, d'après laquelle « les dons de concubin à concubine ne valaient ». Pothier nous donne comme base rationnelle de cette règle, celle qu'on donnait déjà à l'époque romaine à la prohibition de donations entre époux : *ne mutuato amore invicem spoliarentur.* « Les auteurs, nous dit-il, en fournissent une infinité d'exemples » et il nous donne comme tels, celui de Dalila et de Samson, et celui des concubines du roi Salomon. Certainement, l'illustre jurisconsulte aurait pu être beaucoup plus moderne. Il lui aurait suffi de nous indiquer les cadeaux qu'Elisabeth et Catherine II de Russie offraient à leurs amants après leurs nuits d'orgies et de délices, cadeaux qui consistaient en des provinces entières, ou en des milliers d'esclaves. Quoi qu'il en soit, la suppression de l'article du projet qui renouvelait l'ancienne prohibition, ainsi que les objections du tribunal d'appel de Lyon qui motivèrent cette suppression, nous démontrent que notre législateur a certainement voulu rompre avec l'ancienne législation.

il m'est absolument impossible de comprendre comment cette intention peut avoir un caractère immoral ?
Je ne saurais trop le répéter, l'immoralité de la donation pourra bien se rencontrer, comme le dit aussi
M. Lebret, dans les motifs du donateur, mais elle ne
se trouvera jamais dans la cause de la donation.

Quant à M. Tarbouriech, il a toujours son système à
lui ; d'après notre auteur « l'affection qu'un homme
éprouve pour sa femme légitime est licite, et peut
servir de cause à une donation, l'affection qu'il ressent
pour une maîtresse adultère est au contraire illicite ;
cela, nous dit-il, est évident puisque ces relations constituent un délit. On doit donc annuler comme ayant
une cause illicite, une libéralité faite par l'amant à sa
concubine, au moins en cas d'adultère ?

Et tout d'abord, constatons dès le début, que M.
Tarbouriech ne tient absolument aucun compte en
développant sa manière de penser, de la restriction
qu'il commence par vouloir poser à la question qui
nous occupe. Il ne se contente pas, en effet, de déclarer
nulle pour cause illicite toute donation adultérine, si
je puis ainsi parler, mais d'une façon générale, toute
libéralité entre concubins, et cela, en se rattachant au
caractère immoral de l'affection. Eh bien, même en
acceptant ce point de départ, il nous est impossible
d'aboutir aux conséquences indiquées par M. Tarbouriech. Même en supposant que c'est l'affection qui a

1. Tarbouriech, *op. cit.*, p. 27.

été la cause de la donation, il nous est impossible de comprendre, comment, ainsi que nous l'avons déjà remarqué, une affection peut être en soi immorale. Ce qu'il y a de répréhensible, en effet, dans ces liaisons, c'est la liaison même, et non l'affection par laquelle elle a été inspirée ou qu'elle inspire. Du reste peut-on soutenir que l'affection soit la cause d'une pareille libéralité ? Plaçons-nous bien en face d'une donation faite à une ancienne concubine, c'est-à-dire en face d'une véritable libéralité; eh bien, dans cette hypothèse, le don ou le legs aurait pu être fait, comme dit Merlin (1), « soit pour réparer le tort que le donateur a causé à la réputation de la personne gratifiée, soit pour la mettre désormais à l'abri du besoin, ou de la tentation de recourir à d'aussi honteuses ressources » ; il n'y aurait certainement rien d'anormal dans l'un ou l'autre de ces deux motifs?

C

La troisième et la plus curieuse application pratique de la notion de la cause des libéralités, est celle à laquelle on attribue la qualification *de cause impulsive et déterminante*. Elle se rattache à l'interprétation de l'art. 900. D'après ce texte, « dans toute disposition entre vifs ou testamentaire, les conditions impossibles, celles qui seront contraires aux lois ou aux mœurs, seront réputées non écrites ». Ce que je crois indispen-

1. Merlin, *Répert. concub.* n° 3, 5e obj. p. 359.

sable de rechercher très brièvement, avant d'examiner la question de savoir comment la jurisprudence a pu faire intervenir la notion de la cause dans le cas qui nous occupe, c'est le sens que doit recevoir cet article.

La difficulté tout entière peut se résumer dans la formule suivante : Faut-il considérer ce texte comme un texte interprétatif de la volonté des parties, dont l'application devrait par conséquent être écartée, dans le cas de volonté opposée et expresse, ou tout au contraire comme un texte impératif, à l'encontre duquel la volonté la plus formelle ne pourrait avoir aucun effet ?

La réponse dépend de l'origine historique qu'on attribuerait à cet article. Ceux qui verraient là, la suite d'une règle romaine identique, mais applicable uniquement en ce qui concerne les donations testamentaires, c'est à la première opinion qu'ils devraient se rallier ; ils devraient, au contraire, se rattacher à la seconde, ceux qui verraient son origine dans une disposition de la législation intermédiaire portant la date du 5-12 septembre 1791. Je ne ferai point l'historique de cette dernière loi, plus ou moins compréhensive, suivant les cas, que notre art. 900. Je me contenterai de remarquer qu'il y avait là une disposition de lutte, une arme de combat, contre la volonté de ceux qui, regrettant l'ancien état de choses que la Révolution venait de détruire, tâcheraient par des moyens quelconques de le rétablir. C'était une loi ayant eu pour but, pour nous servir des paroles que Barrère prononçait à l'Assemblée constituante, de faire « cesser une contradiction frappante, entre les lois politiques et les lois civiles (1) ». Eh bien, si ces données sont exactes, on ne peut certainement pas voir là une disposition interprétative de la volonté des parties, et si de plus c'est de cette loi révolutionnaire que le législateur de l'art. 900 s'est inspiré, et je crois, avec la doctrine jurisprudentielle, ainsi que la majorité des auteurs qu'il en est de la sorte, on serait obligé de voir un texte impératif dans notre art. 900. Je ne me dissimule pas qu'ainsi expliquée la disposition de notre Code cesse d'être d'accord avec l'état de choses actuel ; qu'elle se trouve, pour ainsi dire, dépaysée à notre époque ; mais il ne faut pas oublier qu'au moment où elle a été décrétée, on était encore tout près de la Révolution même ; que la crainte de revenir à l'ancien état social aurait parfaitement pu avoir pour effet, d'amener la volonté législative à punir d'expropriation un dissentiment politique, d'ériger en délit le regret du passé (2). Quoi qu'il en soit, une fois ce point de départ accepté, il faut pousser jusqu'au bout ses conséquences, « il faut déclarer hautement, avec M. Ronjat (3), que

1. Barrère. Dans Merlin, *Quest. de dr*. T. II, p. 487.
2. Labbé. Note dans Sir. 84. 1. 305, sous un arrêt de la C. de Cass. du 27 juillet 1883.
3. Ronjat, conclusions. V. ce dern. arr.

la volonté contraire du donateur doit être méconnue, brisée, et que plus il tient à ce qu'elle s'exécute, plus le législateur veut qu'elle soit non avenue. »

Ainsi donc, et en résumé, d'après l'interprétation de l'art. 900 que nous venons de présenter, la charge ou condition d'une libéralité quelconque doit être considérée comme non écrite, toutes les fois qu'elle est impossible ou illicite, et cela, malgré la clause formelle du donateur, qui manifesterait sa volonté de subordonner l'efficacité de la donation, à l'accomplissement de la modalité. Cette clause, en effet, comme nous dit Labbé, d'après Laurent, développe ce qui était déjà contenu dans l'idée de condition ou de charge.

Je n'examinerai pas les arguments de l'opinion qui aboutit à des résultats tout opposés, en se basant sur le caractère interprétatif qu'on doit attribuer à l'art. 900 ; cela m'entraînerait beaucoup trop en dehors de mon sujet ; ce que je dois examiner, c'est la manière de voir de la cour suprême, qui, acceptant d'un côté le caractère impératif de notre texte, arrive tout de même à suivre la volonté des donateurs, et cela en se basant sur la théorie de la cause.

La cour a fait le raisonnement suivant:

L'art. 900, en considérant les conditions impossibles ou illicites comme non écrites, n'a certainement pas pu avoir en vue l'hypothèse où, ce que les parties ont qualifié de condition, est reconnu n'être en fait que la cause impulsive et déterminante de la libéralité.

L'art. 900 déroge à l'art. 1172 de notre Code, soit, mais ce même texte ne déroge pas aux dispositions de l'art. 1133 ; or, d'après cette dernière disposition légale, toute libéralité ayant une cause illicite est nulle, et par conséquent ce n'est pas seulement la clause conditionnelle, qui n'est au fond que la cause de la donation, qui doit être considérée comme non écrite, mais c'est la libéralité tout entière qui doit être anéantie.

Cette jurisprudence me paraît complètement inconciliable avec la théorie de la cause des donations. Certes, si ce que les parties contractantes ont appelé condition ou charge n'était autre chose, que l'une des obligations naissant d'un contrat synallagmatique et onéreux, les partisans de la cause pouvaient, en appliquant leur théorie telle qu'ils la conçoivent dans ce genre de conventions, arriver à l'inexistence de l'obligation. Mais il en est tout autrement. La jurisprudence applique sa théorie de la cause impulsive et déterminante, même, et surtout dans l'hypothèse où l'existence de la condition, ne modifie pas le caractère gratuit du contrat (1), de sorte, qu'en somme, elle arrive ainsi

1. Les donations faites à des communes, pour la fondation et l'entretien des écoles, sous la condition que l'enseignement y serait donné par des personnes appartenant à des congrégations religieuses, offrirent l'occasion à la jurisprudence d'appliquer sa théorie de la cause impulsive et déterminante. Je me garderai bien d'aborder toutes les difficultés que cette question fit surgir, soit en pratique, soit au point de vue doctrinal ; je crois pourtant devoir remarquer, que les tribunaux, ne pouvaient, *que se placer sur le terrain des libéralités, et appli-*

à voir dans la clause conditionnelle d'une libéralité, la
cause de la libéralité même, dans l'acception tech-
nique de l'expression. Mais alors que fait-on de l'in-

quer les règles qui régissent les actes de cette dernière catégorie pour
statuer soit en faveur, soit au détriment des dispositions qui nous
occupent. C'est, du reste de la sorte que la jurisprudence rendit tous
ses arrêts. Considérant, en effet, d'un côté la condition comme illicite,
ne voulant pas de l'autre faire une application de l'art. 900, elle fut
amenée,sauf dans l'hypothèse où des communes avaient été autorisées à
accepter des donations subordonnées à de pareilles conditions, à déclarer les donations nulles dans leur ensemble, en se basant sur le caractère illicite de la cause impulsive et déterminante (V. Cass. 3 nov.
1886. Dall. 85. 1. 157). Des auteurs considérables, tâchèrent pourtant
de justifier d'une certaine façon notre jurisprudence : pour arriver à
ceci, ils ont cru bon de se placer sur le domaine des contrats à titre
onéreux. « Ne peut-on pas dire, en effet, déclarait M. Bufnoir dans son
cours (1895-1896) que la disposition faite à la commune n'a point le
caractère de la libéralité, et la conclusion serait, qu'il y a non pas donation, mais contrat onéreux, ayant une cause illicite. » M. Labbé, de
son côté, dans une note au Sirey (84. 1. 305. Cass. 27 juill. 1883),
n'hésitait pas à nous dire : « L'acte appelé donation parce que le *tradens* ne reçoit rien en échange, est au fond un acte commutatif,
parce que l'enrichissement doit servir presque entièrement à atteindre
la réalisation du but que poursuit le donateur, et qui est indiqué dans
la donation. » Je ne saurais accepter cette manière de penser. La disposition qui nous occupe, est, en effet, une disposition absolument
gratuite, mais conditionnelle ; ce qu'il y a même de plus remarquable,
c'est que la condition imposée par le donateur, a été imposée dans
l'intérêt du bénéficiaire lui-même, du moins dans l'esprit des disposants. La Cour de Nimes (22 janvier 1890, D. 91. 2. 113), semble
avoir voulu se placer sur un terrain analogue à celui de MM. Labbé et
Bufnoir : Voir dans le même sens que nous la note de M. Planiol,
sous ce même arrêt. Voir aussi Planiol, *Rev. crit.* 1892, p. 518, 9.
    Du reste la jurisprudence applique sa théorie même dans le cas de
legs sous condition illicite, et comme le remarque fort bien M. Bartin,
p. 387-8, « on ne conçoit pas une disposition testamentaire qui ne
serait, en réalité, qu'un acte à titre onéreux : car une disposition testamentaire de ce genre, se résoudrait en une offre de contracter, que
le testateur adresserait à son prétendu légataire... », et plus bas
« cette forme de disposition oppose un obstacle insurmontable à
l'application de la condition illicite en cause...»

tention libérale ? Mais alors ce n'est donc plus elle qui est la cause des libéralités? Mais alors au moyen de ce système, on arrive par la fausse application d'une théorie, en soi inconcevable, à détruire une règle impérative, ainsi que la jurisprudence elle-même nous l'avoue.

En laissant de côté la partie purement doctrinale de la question, on ne devrait peut-être pas sur le terrain de la pratique, et de la logique actuelle, condamner le résultat auquel notre jurisprudence aboutit. La grande majorité des auteurs critiquent, en effet, et avec beaucoup de raison, comme irrationnelle, la disposition de l'art. 900, et souhaitent en même temps une prompte modification législative. C'est une généralisation de l'art. 1172 qu'ils proposent. Eh bien, notre jurisprudence plus impatiente qu'eux, a cru bon de se substituer, par des moyens indirects, à nos pouvoirs législatifs ; et ainsi, comme dit M. Bartin, « elle s'est formée lentement, pièce à pièce, par tâtonnements successifs » et c'est justement à cause de ce procédé unique qu'elle pouvait employer, « qu'il ne faut pas voir dans sa théorie de la cause impulsive et déterminante, une notion d'ensemble, comme continue à nous dire ce même auteur, une conception fondamentale, d'où serait née, par un développement naturel, une riche efflorescence de solutions bien liées ; c'est une superposition d'arrêts Ainsi les cours vont se le transmettre désormais l'une à l'autre, sans examen, sans critique, sans formule précise, qui le résume et le fixe. Lorsqu'elles se résoudront à l'application de l'art. 900, elles ne manqueront pas d'ajouter que c'est parce que la condition illicite n'a point été la cause impulsive et déterminante de la libéralité. Quand l'illusion sera trop forte, l'art. 900 s'éclipsera, pour laisser la nullité envahir la libéralité elle-même (1). »

L'évolution jurisprudentielle ne s'est pourtant pas encore complètement terminée, et je ne serais nullement surpris pour mon compte, si progressivement la jurisprudence, se résolvant à voir dans toute condition, une cause impulsive et déterminante de la libéralité, écartait partout et toujours l'application de l'art. 900, qui resterait ainsi lettre morte au milieu de notre Code. On ne peut assurément pas soutenir que ce soit cette utilité de la cause que notre législateur avait en vue, lorsqu'il nous donnait les dispositions de l'art. 1131 et suivants (2).

1. Bartin, *op. cit.*, p. 337-358.

CHAPITRE VIII

THÉORIES ÉLARGISSANT LE DOMAINE DE L'APPLICATION DE LA CAUSE.

I

> « Il est illogique et dangereux d'altérer et d'étendre
> le sens du mot cause ». Labbé. Sirey. 79. I. 393.

Pour tous les contrats du même genre, nous disent la plupart des auteurs, la cause doit être identique ; c'est là, continuent-ils, un *criterium* certain, pour éviter toute confusion possible entre elle et les motifs du contrat dont le nombre peut être immense, et qui ne peuvent jouer aucun rôle sur l'efficacité de la convention.

Ainsi donc, il faut établir en principe que :

Dans les contrats unilatéraux, tout d'abord, la cause est suivant les cas, soit la prestation faite à l'obligé, soit la pensée de bienveillance ; et, qu'en second lieu, dans les contrats synallagmatiques, les obligations de chacune des parties, ont pour cause celles de l'autre ou des autres (1).

1. Baudry-Lacantinerie, II, n° 846. V. aussi Demolombe, XXIV.

Assurément, cette règle paraît assez précise et limitée, malheureusement les auteurs eux-mêmes qui
nous la proposent, du moins un grand nombre d'entre
eux, dès qu'ils arrivent sur le terrain de la pratique,
nous conduisent à des résultats qui ne cadrent nullement avec la portée naturelle de leur règle Ainsi les
uns, pour des raisons que nous avons déjà examinées,
confondent la cause et les motifs. Les autres, voulant
restituer à la théorie de la cause, comme nous dit M.
Tarbouriech, l'unité, l'ampleur et la symétrie qu'elle
comporte (1), l'étendent ainsi que nous l'avons remarqué, en dehors du domaine des obligations contractuelles. Les troisièmes enfin, poussés par l'intention de
vouloir rattacher toutes les exigences de notre code, à tel
ou tel autre principe général, intention bonne sans doute,
mais d'une bien délicate application, arrivent à dénaturer complètement la définition qu'ils ont commencé
par nous donner, de ce que c'est que la cause d'une
convention bilatérale, et oublient qu'ils ont d'abord
soutenu qu'elle doit avoir un caractère identique.

Ainsi, en acceptant les différentes manières de voir
de nos auteurs, on aurait dû dire que la cause, dans

n° 355. La cause finale est toujours identiquement la même, dans
tous les contrats identiques. » V. aussi Colmet de Santerre, T. V, 46
bis I et 46 *bis* II. « Identité nécessaire de causes toutes les fois que les
contrats sont identiques...D'abord dans les contrats synallagmatiques,
comme il y a deux obligations, nous devons trouver deux causes, et nous
devons dire que l'obligation de chaque partie a pour cause celle de l'autre. »

1. Tarbouriech, *op. cit.*, p. 19.

un contrat synallagmatique, est, non pas uniquement et toujours l'obligation de l'une des parties ; mais tantôt l'exécution de cette obligation ; tantôt, et ceci dans le cas de transaction, la volonté de mettre fin à une difficulté déjà existante ; tantôt l'aléa, dans une convention aléatoire ; tantôt même l'avantage que l'une des parties en contractant a eu en vue.

L'objet de cette partie de notre travail sera justement de développer certaines hypothèses de ce dernier genre, nous démontrerons, en même temps, combien il est illogique et dangereux de vouloir étendre l'application de cette inconcevable théorie.

II

Et tout d'abord, malgré la grande et juste autorité qui se rattache aux noms de Demolombe et de Larombière, il m'a été complètement impossible d'accepter l'avis de ces auteurs, qui veulent voir dans l'art. 1184 de notre code, une application pure et simple de la théorie de la cause, dont l'absence entraîne l'inexistence du contrat.

Cette opinion me paraît pécher à plusieurs points de vue. Elle me paraît en premier lieu, en contradiction avec l'idée que nos auteurs eux-mêmes, nous donnent de la théorie de la cause en ce qui concerne les contrats synallagmatiques ; au point de vue théorique elle me paraît complètement irrationnelle ; les précédents historiques ne sont point en sa faveur ; elle

est repoussée par les termes mêmes de l'art. 1184 ;
elle nous conduit enfin à des résultats tellement contradictoires avec les autres principes de notre droit,
qu'elle me paraît impuissante à supporter, même le
moindre examen.

La preuve de ces considérations ne nous embarrasse
point.

« Dans tout contrat synallagmatique, nous dit, en
effet, Larombière, chaque partie ne contracte d'engagement, qu'en vue et à raison des engagements que
l'autre partie contracte en sa faveur : cette réciprocité
est de l'essence même de la convention, et constitue
la cause des obligations respectives. Prenons pour
exemple la vente : je vous vends ma maison moyennant tel prix. Je m'oblige à vous transférer la propriété de la chose ; vous vous obligez à me payer le
prix convenu. Mon obligation est la cause de la vôtre,
comme la vôtre est la cause de la mienne. Je vous
vends en un mot à cause du prix, et vous me payez à
cause de la propriété. Si l'un de *nous ne satisfait pas à
ses engagements*, ceux de l'autre deviennent ainsi sans
cause, et le contrat tombe dans un cas où il n'aurait
pu être régulièrement formé » (1).

Mais, je me demande immédiatement, quelle est
donc la cause d'une obligation résultant d'un contrat
synallagmatique ? *est-ce la contre-obligation elle-même,
ou l'exécution de cette dernière obligation ?* Il y a là deux

1. Larombière. Des obligations. II, art. 1184.

choses absolument différentes, et selon qu'on accepte le premier ou le second point de vue, on arrive forcément à des résultats diamétralement opposés.

Avant d'en arriver là, examinons, si au point de vue théorique, on peut raisonnablement soutenir, que la cause d'une obligation, dans un contrat synallagmatique, consiste dans *l'exécution* de l'obligation concomitante. Eh bien, la réponse doit être nécessairement négative. S'il nous paraît, en effet, rationnel de penser, que les deux obligations résultant d'une même convention bilatérale, ne peuvent pas se servir de cause réciproque, parce qu'il y a là deux faits simultanés, et que la cause doit nécessairement précéder son effet ; comment pourrions-nous accepter que l'exécution de l'une d'elles, soit destinée à servir de cause à l'autre ?... Les deux engagements prennent naissance dans un moment matémathiquement identique ; leur exécution ne peut forcément avoir lieu que plus tard, fût-ce un instant, et soutenir que c'est cette exécution qui est la cause de l'engagement, c'est soutenir que l'effet doit précéder la cause...

La raison qui conduit les jurisconsultes cités, à penser que la cause d'une obligation, est l'exécution de l'obligation concomitante, et qu'il « en résulte que si l'une des parties ne remplit pas son obligation, l'obligation de l'autre cesse par là même d'avoir une cause (1) ; » c'est qu'ils veulent donner à la règle po-

1. Demolombe, *op. cit.*, t. XXV, n° 489.

sée par l'art. 1184 de notre code, une base conforme
aux principes généraux de notre droit.

Si, en effet, on attribuait à la théorie de la cause cette
large signification, on arriverait forcément à dire, que
la condition résolutoire tacite est, non pas *une condition résolutoire tacite* dans le sens propre du mot, mais
« une conséquence logique des principes relatifs à la
cause dans les obligations contractuelles ».

J'ai déjà refusé d'accepter, comme complètement illogique, cette extension qu'on a voulu attribuer à la
notion de la cause ; je refuse, par conséquent, d'accepter les suites qui en découlent. Non, l'art. 1184 n'est
point une conséquence directe d'un principe général
quelconque, posé par notre droit, c'est même un article nous donnant une règle, « contraire à la rigueur
des principes », comme le confessaient, du reste, nos
anciens coutumiers. C'est un article ayant pour base
la volonté tacite et présumée des parties contractantes,
comme le code l'avoue lui-même.

La seule origine romaine qu'on doive attribuer à notre texte est, quoi qu'on en ait dit, la *lex commissoria*.
Cette *lex* était une clause qui, accompagnant bien souvent les ventes romaines, avait pour but la résolution
du contrat, si l'acheteur n'exécutait pas son obligation
dans un délai déterminé. Cette résolution se basait donc
sur la convention expresse des parties contractantes,
et la théorie de la cause, n'était nullement invoquée
par les jurisconsultes de l'époque.

Une fois, en effet, le contrat formé, les obligations réciproques des parties se détachent, et prennent chacune une vie propre et indépendante. Si l'une, par suite d'un événement quelconque, devenait d'une exécution impossible, l'autre n'en resterait pas moins obligatoire. C'est de ce raisonnement éminemment juridique, que les Romains eux-mêmes se sont servis, pour expliquer la théorie des risques ; c'est de ce même raisonnement que je veux me servir moi-même, pour expliquer *la nécessité d'une convention*, qui, chez les Romains, aurait permis au vendeur de résoudre la vente, en cas de non paiement du prix de la part de l'acheteur, convention qui est présumée et généralisée aujourd'hui, ainsi que l'art. 1184 prend la peine de nous l'annoncer. La condition résolutoire, nous dit ce texte, est toujours sous-entendue dans les contrats synallagmatiques, pour le cas où l'une des deux parties ne satisfera point à son engagement ». Cet article contient donc, comme le remarque M. Baudry-Lacantinerie lui-même, partisan convaincu pourtant de la théorie de la cause, « une interprétation législative de la volonté des parties contractantes ; en l'absence de ce texte, le pacte commissoire tacite n'aurait pas pu être considéré comme sous-entendu dans la convention ». Si, au contraire, on acceptait la théorie de Larombière et de Demolombe, qui donnent la cause comme base rationnelle de l'art. 1184, et qu'on poussait jusqu'au bout leur raisonnement, on arriverait forcément à dire, que même en l'absence de ce texte, le pacte commissoire serait sous-entendu.

Demolombe, en nous présentant la résolution du contrat, en cas d'inexécution de l'une des obligations, comme une suite nécessaire de la théorie de la cause, croit justifier ce qu'il avance, en rattachant sa théorie à une hypothèse romaine, hypothèse absolument exceptionnelle et limitée. « C'est bien sous cet aspect, nous dit-il, que les jurisconsultes romains l'avaient eux-mêmes considérée dans les contrats innomés, en accordant à la partie envers laquelle le pacte n'était pas exécuté, une *condictio ob rem dati, causa data, non secuta !* » Certes, c'est la *condictio causa data non secuta* que les Romains donnaient pour résoudre le contrat innomé, exécuté par l'une seule des parties contractantes, et ils avaient parfaitement raison.

En examinant les contrats inommés, j'ai démontré qu'à Rome, dans cette classe particulière de pactes, la cause génératrice de l'obligation de l'une des parties, était, non pas le pacte lui-même, mais *l'exécution de ce pacte* de la part de l'autre, car il était en lui-même considéré comme insuffisant, pour engendrer des engagements obligatoires. Ainsi, lorsque *Primus* commençait par exécuter la convention, il faisait un acte, qui n'était pas civilement obligatoire, car il n'y avait que l'exécution de la convention de la part de *Secundus* qui aurait pu le rendre tel. Si donc *Secundus* refusait d'exécuter, l'exécution de la convention de la part de *Primus* restait sans cause génératrice, et il pouvait par conséquent, répéter par la *condictio causa data causa non secuta*. Il en est tout autrement aujourd'hui ; les deux obligations prennent, en effet, naissance, par le seul effet de la volonté des parties, indépendamment de toute exécution ; la cause génératrice de l'obligation, sa raison d'être, sa source, pour parler un langage évitant toute équivoque, étant non pas l'exécution de la convention mais la convention elle-même et toute seule. Eh bien ! s'il n'était pas irrationnel de dire qu'à Rome dans le cas qui nous occupe, l'*exécution* du pacte innomé servait de cause à l'obligation, c'est que la première précédait la seconde ; la cause précédait l'effet, tandis que chez nous c'est l'effet qui précéderait la cause, ainsi que nous l'avions démontré, si on raisonnait de la sorte.

En acceptant la théorie de Demolombe, on aurait dû renverser, en partie du moins, la question des risques.

Ainsi je suppose un échange, intervenu entre deux négociants de soieries. D'après les termes de la convention, *Primus* s'oblige à donner à *Secundus* 10.000 mètres de soie, à prendre parmi une quantité considérable de marchandises, placées dans ses magasins, sis à Lyon rue*** n°*** contre 2.000 mètres de velours, que *Secundus* s'oblige à lui rendre.

Dans notre cas la convention ne transfère pas à elle seule la propriété, car d'après l'opinion unanimement acceptée, l'art. 1138, d'après lequel « l'obligation de

livrer est parfaite, par le seul consentement des parties contractantes », n'est applicable, que lorsqu'il s'a-
git d'un corps certain ; car, comme le remarque M. Colmet de Santerre, il est impossible de concevoir que le
créancier pût devenir propriétaire d'une chose, qui ne
serait pas individuellement déterminée (1) ».

Je suppose les magasins de *Primus* incendiés par un
cas fortuit.

D'après l'opinion de tout le monde, *Secundus* ne serait pas libéré de son obligation de donner le velours,
quoique l'incendie ait eu pour résultat de libérer *Primus* de son obligation corrélative. Les risques, en effet,
sont dans notre cas, comme d'ordinaire, pour le créancier ; car si la soie n'était pas suffisamment individua-
lisée, pour devenir par la simple convention la propriété de *Secundus*, elle était pourtant d'un genre assez
limité, et par conséquent périssable, pour que la question des risques puisse se présenter, comme elle se
présente dans notre hypothèse.

Eh bien, si on acceptait la théorie de Demolombe,
qui consiste à dire que *l'exécution* de l'une des obligations, sert de cause à l'autre, on aurait dû décider
que, après l'incendie de la soie, l'exécution de l'obligation de *Primus* étant impossible, l'obligation de *Secundus* devait cesser d'exister, car elle reste désormais
sans cause. *Secundus* serait ainsi d'après les suites
nécessaires de cette théorie, dispensé de donner le ve-

1. Demante et Colm. de Santerre, *op. cit.* T. V, n° 55 bis.

lours, et la question des risques serait dans notre cas complètement renversée. C'est à ce dernier résultat qu'on arrivait à Rome dans les contrats innomés, même après leur complet développement (1).

Une deuxième considération peut être invoquée en faveur de notre manière de voir. Si, en effet, la loi considérait l'art. 1184 comme une conséquence nécessaire de l'art. 1131 de notre code, elle ne serait rien moins que contradictoire avec elle-même. Elle aurait, en somme, d'un côté refusé tout effet à une convention dont la cause ferait défaut, et de l'autre, elle nous aurait déclaré cette convention simplement résoluble ; or tout le monde sait, que résolution et inexistence d'un contrat ne sont point des choses identiques. Ainsi la résolution doit être prononcée par la justice, qui peut, en fin de compte, accorder des délais de grâce, à celui qui n'a pas exécuté son obligation ; elle peut ensuite se couvrir par la prescription, tandis qu'il en est tout autrement lorsque le contrat est frappé de nullité radicale.

On voit, par tout ce qui précède, que dire comme on dit quelquefois, que la cause « de la promesse de l'une des parties, c'est la promesse de l'autre, et à plus forte raison la promesse tenue (2), » c'est dire des choses logiquement inexactes. Non, la cause d'une obligation ne peut être ni la contre obligation ni son exé-

---

1. V. Καλλιγᾶ Ρωμ. Δικ, T. III p. 187.
2. *Revue critique.* 1886. Gauly. p. 52.

cution ; mais admettre que la cause est en même temps,
la contre obligation ainsi que son exécution, c'est
ajouter la contradiction et l'inconséquence à l'inexactitude (1).

III

La cause de l'obligation dans les contrats aléatoires. —
Avant d'écrire les quelques lignes qui suivent, sur la
question de savoir quelle est la cause dans les conventions qui vont nous occuper, nous devons constater
que tout contrat aléatoire, lorsque du moins ce n'est
point une libéralité, est un contrat synallagmatique (2).

1. Un argument de ce dernier genre, m'empêche d'accepter l'opinion
de ceux qui pensent que l'art. 1599, en prohibant la vente de la chose
d'autrui, n'a d'autre base que la disposition de l'art. 1131. La vente de
la chose d'autrui, en effet, est susceptible de produire, même d'après la
législation qui nous régit, certains effets, qu'une convention considérée
par la loi comme inexistante est incapable d'engendrer. Ainsi elle peut
être invoquée par l'acheteur comme juste titre, et le conduire ainsi à
la prescription décennale de la chose vendue ; de plus l'art. 1628 nous
prouve qu'elle peut faire naître une obligation de garantie à la charge
du vendeur. Quoi qu'il en soit, et pour employer les expressions de M.
Baudry-Lacantinerie, « pour que l'obligation de l'acheteur pût être considérée comme sans cause, lorsque la vente porte sur une chose appartenant à autrui, il faudrait que l'obligation du vendeur n'existât
pas. Or, comment douter qu'elle existe ? cette circonstance que la chose
vendue appartient à autrui, peut bien avoir pour résultat d'empêcher
que le vendeur n'en transfère immédiatement la propriété à l'acheteur,
mais elle n'empêche pas qu'il s'oblige à la transférer, et cette obligation est certainement valable sauf les difficultés d'exécution. »

2. Cette manière de voir paraît être contraire à celle de nos plus
grands auteurs, en ce qui concerne le contrat de rente, qui est considéré par eux, comme un contrat unilatéral, se formant *re*, et devant
être assimilé au prêt à consommation. Que le contrat de rente présente avec le *mutuum* une certaine analogie, c'est un point qui nous
paraît incontestable, surtout en ce que le premier de ces deux contrats

Eh bien ! s'il en est ainsi, comme dans tout autre contrat d'un genre pareil, la cause de l'une des obligations devrait, d'après les partisans de la théorie de la cause, consister dans l'obligation concomitante. MM. Aubry et Rau prévoient expressément cette hypothèse. « Dans les contrats commutatifs ou aléatoires, nous disent ces auteurs, la cause de l'obligation de l'une des parties consiste dans la prestation promise par l'autre (1) ».

J'ai déjà examiné les conséquences de cette définition dans l'hypothèse de contrats commutatifs, et n'ai

peut avantageusement remplacer le second, ainsi que l'histoire nous le prouve. Mais que le contrat de rente soit un contrat unilatéral se formant *re*, c'est une opinion que je ne crois pas devoir admettre. Les contrats unilatéraux qui se forment *re*, en effet, sont partout et toujours des conventions, qui ne font naître au moment de leur passation, que des obligations à la charge de l'une des parties, et ceci nécessairement après la transmission de la *res* de la part du créancier. Ainsi les obligations du dépositaire, du commodataire ou de l'emprunteur, de rendre, ne peuvent se comprendre, que si ces personnes ont déjà reçu, et ce serait un non sens que de décider le contraire. Eh bien ! je crois que cette considération qui est de l'essence même des contrats se formant *re*, serait aujourd'hui complètement inexacte, en ce qui concerne le contrat de rente viagère. Car, en somme, je ne crois pas qu'on puisse nier la validité de la convention d'après laquelle les arrérages de la rente viagère seraient stipulés payables au moment de la convention, et ceci avant le jour même de la réception du capital, ainsi que l'accepte M. Colmet de Santerre lui-même (T. VIII no 182 bis III). Je sais bien que Pothier, qui pourtant considérait la rente comme une vente, et que nous pouvons par conséquent invoquer en faveur de notre opinion, décidait le contraire. Mais cette exigence ne peut pas avoir pour effet de transformer la rente en contrat unilatéral, car, comme je remarque le même auteur dans son numéro suivant, rien n'empêche de convenir, même dans une rente, qu'elle ne sera parfaite, que lorsque l'acquéreur en aura payé le prix, ce qui n'aurait certainement pas pour effet de nous amener à décider que la vente est un contrat unilatéral (Poth. Traité du contr. de constitution de rente, no 2 et no 3).

1. Aubry et Rau, *op. cit.* IV. no 345, note 4.

point à y revenir ; ce que je dois remarquer à présent,
c'est que lorsqu'il s'agit d'un contrat aléatoire et synallagmatique, l'obligation de l'une des parties peut
d'abord, après avoir pris naissance, tomber dans le
néant, si l'aléa tourne en sa faveur, ce qui n'empêche-
rait pourtant pas la vitalité de l'obligation de l'autre.
Elle peut, en second lieu, diminuer par degrés successifs, s'éteindre même avant d'être exécutée, quoique
l'engagement corrélatif continue à exister dans sa pleine
et entière totalité.

Ces considérations succinctes, que je viens de présenter, constituent l'essence même de tout contrat aléatoire : des textes formels pourraient pourtant les modifier, jusqu'à un certain degré, et dans ce cas, on devrait
s'en tenir strictement à leurs dispositions.

De tout ce qui précède, on voit clairement que, si on
voulait appliquer la théorie de la cause dans l'hypothèse qui nous occupe, on devrait bien se garder de
soutenir que cet élément n'existe pas, et que par conséquent le contrat est inexistant, dans l'hypothèse où
l'une des obligations s'éteindrait, avant même que son
exécution eût été possible. Ainsi je suppose une rente
viagère et à titre onéreux, constituée sur la tête d'une
personne, mourant deux jours après, à la suite d'un
accident quelconque. Cette mort délivre assurément le
débiteur de son obligation de payer les arrérages, mais
peut-on raisonnablement soutenir que le crédi-rentier
de son côté, ou ses héritiers soient libérés de leur obli-

gation de payer le prix de la rente ? Certainement non,
et décider le contraire, ce serait nier l'existence même
des conventions aléatoires.

Le législateur de 1804 suivant pourtant l'exemple
de notre ancien droit, a posé la restriction suivante à
la règle que nous venons de donner. D'après l'art. 1975,
tout contrat de rente viagère, créé sur la tête d'une
personne, atteinte de la maladie dont elle est décédée
dans les vingt jours de la date du contrat, ne produit
aucun effet. Je crois que cette disposition légale doit
être interprétée, en laissant de côté toute idée d'objet
ou de cause. C'est une disposition légale, en effet, exceptionnelle, qui déroge à une règle fondamentale
de notre droit, contenue dans l'art. 1134 de notre Code,
et d'après laquelle « les conventions légalement for-
mées, tiennent lieu de loi, à ceux qui les ont faites ».
Si on ne tenait donc pas compte de l'exception, on aurait dû décider que le contrat devrait garder sa vitalité, même dans l'hypothèse prévue par elle.

Des auteurs considérables ont pourtant cru devoir
rattacher l'art. 1975 les uns à la notion de la cause,
les autres à celle de l'objet, ou plutôt aux deux théories.

Ainsi d'après M. Colmet de Santerre le contrat qui
nous occupe serait annulable, parce qu'il y aurait une
erreur sur les qualités substantielles de l'objet (1). Cette
manière de voir est certainement inexacte, car en somme,
elle est contraire à l'art. 1975 lui-même. Ce texte, en

1. Dem. et Colm. de Sant. *op. cit.* T. VIII, n⁰ 189.

effet, considère comme inexistant le contrat qu'il prévoit, tandis qu'il ne nous aurait donné qu'une nullité relative, s'il avait pour base la disposition de l'art. 1110, qui concerne l'erreur sur la substance.

D'après MM. Aubry et Rau, au contraire, le contrat prévu par l'art. 1975 devrait, d'après l'esprit de la loi, être considéré « comme étant dépourvu de cause réelle et suffisante. » Ces mêmes auteurs n'hésitent pas à nous dire plus bas, à propos de ce même texte, « que la question est de savoir, s'il peut exister un contrat aléatoire sans un aléa suffisant dans le sens de la loi » (1), de sorte que je serais porté à conclure que, d'après l'opinion de ces deux jurisconsultes distingués, la cause d'un contrat aléatoire, et particulièrement du contrat qui nous occupe, ne serait autre que l'aléa lui-même.

Et tout d'abord, que le législateur ait peut-être considéré, que dans le cas prévu par l'art. 1975 l'aléa n'existe réellement pas, parce que, comme nous dit M. Labbé, cet aléa « doit dériver des chances ordinaires, qui déterminent la vie de l'homme, et que ces chances normales n'existent pas à l'égard de celui qui est déjà atteint d'un mal assez grave pour le conduire promptement à la mort » (2) c'est possible ; il n'y aurait en somme là, qu'une disposition pleine d'équité, mais dire que cet aléa est justement la cause du contrat, ce se-

1. Aubry et Rau, T. IV. § 388, note 10.
2. Note dans Sirey, 65, 2. 321.

rait encore une toute nouvelle acception du mot cause,
qui commence comme on le voit, à revêtir des faces
multiples, lui, qui pourtant devait être toujours identique dans des contrats du même genre !

Mais à quoi bon compliquer les questions? l'art.
1975 est un art. indépendant, nous donnant une disposition exceptionnelle, et en l'absence de laquelle,
on aurait dû conclure tout simplement à la validité du
contrat; s'il est considéré par la loi comme nul, c'est
pour des raisons d'équité, que nous n'avons point à
examiner ici, et sûrement notre législateur, n'a jamais
pensé à la théorie de la cause, en nous donnant cet
article.

IV

La cause dans les transactions. — M. Bufnoir dans
son cours, en émettant comme principe le caractère
identique de la cause, dans tous les contrats synallagmatiques, s'est hâté de formuler l'exception suivante :
En ce qui concerne la transaction, nous a-t-il dit, la
cause de l'obligation de l'une des parties serait, non
pas l'obligation concomitante de son cocontractant, mais
la volonté de terminer une difficulté déjà existante.

Cette manière de voir aurait peut être l'avantage de
rattacher à un principe unique, les dispositions arrê-
tées par notre code dans les art. 2054 à 2057, qui per-
mettent, pour employer un langage un peu général, la
rescision de la transaction, lorsque la contestation, que
les parties ont voulu trancher, n'existait réellement pas.

L'art. 2046 lui-même, pourrait être alors considéré comme une conséquence directe de la disposition de l'art. 1133, sur la cause illicite.

Cette idée ne serait pas, du reste, toute nouvelle ; on pourrait invoquer, en effet, en sa faveur, les paroles que le tribun Gillet prononçait, en nous disant « que la cause de la transaction est la crainte du procès (1) », ainsi qu'un article de Magnier (2). Je n'hésite pourtant pas à croire qu'elle doit être écartée.

Est-il exact, en effet, de dire que, dans le cas des art. 2054 à 2057, la transaction soit nulle pour défaut de cause? Je ne le crois pas ; car en somme le langage de ces textes, qui ne nous parlent que des transactions rescindables ou annulables, et non point inexistantes, ce qu'ils n'auraient pas manqué de faire si la théorie de la cause était en jeu, nous paraît être complètement en notre faveur. Je ne me dissimule pas qu'on pourrait m'opposer l'expression de l'art. 2055, d'après lequel la transaction faite sur pièces qui, depuis ont été reconnues fausses, est *entièrement nulle* ; mais comme le remarquent fort bien MM. Aubry et Rau « ce texte ne fait que consacrer une application du principe de l'indivisibilité des transactions (3) », ce qui, du reste, a été formellement constaté, lors des travaux préparatoires (4). Quant au langage employé par l'art. 2056, il

1. Locré. XV, p. 446. N° 8.
2. *Revue critique*, 1858, XII, p. 81 et suiv.
3. Aubry et Rau, *op. cit.* IV, § 422. N° 6.
4. Bigot-Préameneu, exposé des motifs. Locré, XV, p. 323. N° 13

me paraît tellement vague, qu'on aurait vraiment tort
de conclure en faveur de l'inexistence de la transaction dans l'hypothèse qu'il prévoit ; ne nous est-il pas
permis de croire, du reste, comme l'observait M. Accarias dans sa remarquable thèse de doctorat, que par
une préoccupation d'élégance assez déplacée, le législateur a sacrifié l'exactitude du langage à la variété
des expressions, ainsi que cela est évident dans l'art.
2057 (1). Serait-il enfin rationnel de supposer un texte
déclarant une convention inexistante, et intercalé au
milieu d'un certain nombre d'articles, prévoyant des
hypothèses analogues, et qui ne nous donnent certainement que des actions en nullité ou en rescision ?
Quoi qu'il en soit, que la théorie de la cause ait ou
non existé, les articles 2054 à 2057 n'auraient un
champ d'application ni plus ni moins large ; et quant
à la question de savoir si en l'absence de ces derniers
textes, on aurait pu se baser sur un autre principe de
notre droit, pour aboutir aux résultats qu'ils nous
indiquent, c'est un point complètement en dehors de
notre étude, mais en tout cas et même dans cette dernière hypothèse, je ne crois pas que ce soit dans la
théorie de la cause, que ce principe devrait être re-
cherché.

V

La théorie de la cause et l'indivisibité obligatione. —

1. C. Accarias. *Th. de doct. sur les transactions*, p. 303.

Depuis Dumoulin jusqu'à nos jours, la question du divisible et de l'indivisible, passe pour être un des points les plus délicats et les plus obscurs de notre droit. Ni les fils que le maître lui-même proposait, pour nous conduire à travers ce dédale, ni plus tard les éclaircissements donnés par Pothier, ne parurent avoir jeté suffisamment de lumière sur la matière qui nous occupe. Aussi des jurisconsultes modernes distingués, n'hésitèrent point à nous donner des fils supplémentaires, si je puis ainsi parler, mais qui malheureusement n'eurent d'autre effet, que de compliquer davantage les sentiers de ce labyrinthe.

Et tout d'abord, quand est-ce qu'une obligation est divisible? La réponse n'est point difficile, une obligation dividuelle, comme nous dit Pothier, est celle qui peut se diviser, l'obligation indivisible, au contraire, est celle qui n'est point susceptible de division matérielle ou intellectuelle. Ajoutons, du reste, que l'intérêt de la question n'est guère susceptible de se présenter qu'entre les héritiers des parties contractantes. Car en effet, comme le remarque l'art. 1220 de notre code, entre le créancier et le débiteur, l'obligation même divisible, doit être exécutée, comme celle dont la division est impossible.

Une fois ces courts préliminaires écartés, nous devons distinguer avec nos anciens jurisconsultes, trois sortes d'indivisibilité ; les indivisibilités *natura*, *obligatione* et *solutione tantum*.

L'indivisibilité *natura* ou *contractu*, est celle dont la divisibilité, par la nature même des choses, et à raison de l'indivisibilité de son objet, ne se comprendrait guère. Ainsi, votre obligation d'établir sur votre fonds, une servitude de passage au profit du mien. On ne peut comprendre, en effet, un passage partiel qui serait complètement inutile au propriétaire du fonds dominant.

L'indivisibilité *obligatione* est, au contraire, celle qui, quoique ayant un objet parfaitement divisible en lui-même, a été considérée par les parties, soit tacitement soit *expressis verbis*, comme n'étant point susceptible de division, de sorte qu'elle ne pourrait se diviser le cas échéant, ni entre les héritiers du créancier, ni entre les héritiers du débiteur.

L'indivisibilité *solutione tantum*, en troisième lieu, qui, à tort ou à raison, n'est guère considérée par notre code comme une véritable indivisibilité, est celle dont une exécution partielle est impossible, ce qui ne peut résulter que de l'intention même des parties contractantes. L'obligation indivisible *solutione*, est du reste parfaitement divisible, à l'égard des héritiers du *créancier*, tandis qu'il en est tout autrement, lorsqu'il s'agit de l'indivisibilité *obligatione*.

De tout ce qui précède, on voit facilement que, s'il existe un *criterium* certain pour pouvoir délimiter le terrain de l'indivisibilité *natura* ou *contractu*, ce *criterium* n'apparaît guère dans les deux dernières hypo-

thèses. Il faut voir, examiner, scruter l'intention des
parties, pour comprendre si c'est devant une indivisibilité *obligatione* ou *solutione tantum* qu'on se trouve.
Il y a là une question qui, en somme, doit être laissée à
l'appréciation souveraine de la pratique.

Cette manière de voir, n'a point satisfait pourtant
un professeur éminent. M. Boistel « heureux de pouvoir s'appuyer sur la grande autorité de MM. Aubry et
Rau » et « se félicitant d'avance de cet accord proba-
ble » a voulu poser un *criterium* net et précis, « tiré
des entrailles même du sujet » et distinguant les différentes classes d'indivisibilité (1). En agissant ainsi,
il a cru que son système n'aurait pas de difficulté à se
faire admettre ; malheureusement, les premiers, MM.
Aubry et Rau eux-mêmes, dans une édition nouvelle
de leur ouvrage, durent repousser la manière de voir
de notre distingué maître. Il nous est impossible de
ne pas accepter la doctrine de ces derniers jurisconsultes ; mais avant d'indiquer les raisons de cette pré-
férence, examinons, en quelques lignes, le système,
du reste ingénieux, de M. Boistel :

D'après lui, c'est devant une obligation indivisible
natura que nous nous trouvons, si c'est l'objet de l'obligation qui possède un caractère indivisible. Nous n'au-
rons, au contraire, qu'une indivisibilité *obligatione*, si
c'est la cause qui possède ce caractère de l'indivisibi-

---

1. Revue historique de droit 1868. Art. de M. Boistel. « De l'indivisibilité *solutione*, p. 168-169.

lité. Et c'est uniquement une indivisibilité *solutione* que nous aurions, si l'indivisibilité n'existait que dans les motifs. Il ne nous paraît pas inutile, du reste, de mettre sous les yeux le langage authentique et précis de notre auteur.

« L'objet est-il par sa nature même absolument indivisible, nous dit-il, il y a indivisibilité *natura*, qui ne pourrait disparaître de l'obligation, qu'en changeant l'objet, c'est-à-dire en créant une autre obligation toute différente de la première. La cause du contrat est-elle un avantage qui soit en lui-même indivisible ? alors ce caractère de l'avantage qui est la cause des contrats rejaillit sur l'objet et nous avons l'indivisibilité *obligatione*. Encore ici on ne pourrait enlever ce caractère d'indivisibilité, qu'en changeant la cause du contrat, c'est-à-dire en faisant un nouveau contrat tout différent. Ainsi l'obligation de construire une maison, est indivisible *obligatione, parce que l'avantage qui est la cause du contrat*, c'est la possibilité d'habiter, fait indivisible en lui-même ; la stipulation directe d'un terrain pour construire une usine, ou d'une somme d'argent pour tirer quelqu'un de prison, ou pour exercer un reméré, est indivisible *obligatione*, parce que la cause du contrat, expressément indiquée dans la convention, est la possibilité de construire un bâtiment d'une dimension donnée, ou de tirer de prison ou d'exercer le reméré ; tous avantages qui sont indivisibles »... Si, au contraire, les parties ne voulaient établir qu'une simple indivisibilité *solutione*, elles devraient « faire résulter cette indivisibilité, non pas des éléments essentiels de l'objet même, ou de la cause des contrats, mais simplement des conditions accessoires ou des motifs de ce contrat ».

Et tout d'abord ce que je reprocherai à ce système, c'est de faire intervenir dans le débat une notion, celle de la cause, avec un sens tout différent de celui qui lui est ordinairement attribué.

Si la cause de l'obligation est indivisible, nous dit-on, l'obligation elle-même est indivisible *obligatione*. Tout cela est bien clair soit ; mais qu'on le remarque bien, la cause de votre obligation de me construire une maison, pour prendre l'exemple même de M. Boistel, n'est point, du moins d'après ce qu'on enseigne, depuis déjà près d'un siècle, l'avantage que je puis en tirer, et qui est la possibilité de l'habiter, mais mon engagement à moi, que je contracte envers vous, et qui est de vous payer vos travaux (1). Eh bien, s'il en est ainsi, on devrait arriver, pour peu que l'on accepte d'un côté la doctrine de la cause communément admise, et de l'autre la thèse de M. Boistel, à nous donner la définition suivante de l'indivisibilité obligatione. *Nous avons une obligation indivisible obligatione, à la charge de l'une des parties, lorsque l'obligation de l'autre qui lui sert de cause est indivisible.* Solution dont l'inexactitude saute aux

1. Dans le même sens, Henri Pagat. « *De l'indivisibilité, thèse de doctorat*, p. 174.

yeux ; aussi c'est peut-être pour ne pas tomber dans cette erreur, que M. Boistel a cru bon de modifier la théorie de la cause tout entière.

VI

Je n'ai point l'intention de pousser plus loin l'examen de ces théories, qui étendent l'application de la notion de la cause. « Elle est, en effet, si vague et au fond si inexacte comme nous dit Laurent, qu'on ne doit pas s'étonner, que les plaideurs l'invoquent à tort et à travers (1). » Partout et toujours, dès qu'une question d'une moralité douteuse paraissait, une argumentation tirée de la théorie de la cause, qui revêtissait pour l'occasion un sens tout nouveau, ne devait pas manquer apparaître. N'a-t-on pas vu un avocat se baser sur la théorie de la cause illicite, pour demander la nullité d'un acte respectueux adressé par une fille à son père, qui voulait épouser une personne engagée dans les ordres sacrés !!! « Je le demande, criait M. Ferrère, en invoquant à son secours l'art. 1133, me faudra-t-il de grands efforts, pour prouver que la tentative de ce prêtre pour faire autoriser le contrat de son mariage, est la honte et le scandale des mœurs, et qu'elle menace même la tranquillité publique (2). »

Mais je m'arrête car je ne vois pas où je pourrais m'arrêter, si je voulais poursuivre jusqu'au bout l'exa-

1. Laurent, *op. cit.*, t. XVI, n° 119.
2. Annales du Barreau. Barreau moderne, t. IX. Plaidoirie de M. Ferrère, pour le sieur Plantey, p. 247.

men de la multiplicité de sens de la notion de la cause,
mais cette multiplicité même, ce manque de précision
et de limite, n'est-ce pas une raison nouvelle, qu'on
pourrait invoquer contre l'existence de cette inconcevable théorie ?...

VII

Appendice. — Au moment de mettre sous presse notre travail, nous avons été heureux d'apprendre l'apparition tout récente d'une thèse sur la théorie de la
cause.

Son auteur, M. Colin, soutenant l'opinion contraire
à la nôtre, a voulu, comme il le dit lui-même dans sa
conclusion, déblayer un peu le terrain de la question,
et dégager sur ce point l'édifice élevé par le législateur.

Cette volonté de M. Colin n'est assurément que loua-
ble. Malheureusement pour lui, nous ferons pourtant
remarquer, que lorsqu'on veut dégager une théorie ou
un édifice, il faut bien se garder de le démolir depuis
les fondements, pour en construire un tout nouveau à
sa place. En agissant ainsi, on ne dégage point mais on
reconstruit, ce qui n'est pas du tout la même chose.

Ainsi d'après notre auteur, « la cause de l'obligation,
est un phénomène psychologique, une conception de
l'esprit, une idée... et il s'agit de déterminer quelle
est, parmi les conceptions qui se sont déroulées dans
l'esprit du débiteur, pour aboutir à la volonté de s'o-

bliger, celle à laquelle nous reconnaîtrons le caractère de cause (1) ». A cette question que M. Colin pose lui-même, il nous répond que la cause d'une obligation est une idée, ayant immédiatement précédé la volonté de s'obliger dans l'esprit du débiteur. Ainsi dans tous les contrats synallagmatiques, la cause de l'obligation de l'une des parties est la *considération* de l'obligation que l'autre partie contracte (1).

Cette manière de voir échappe certainement à la critique de M. Huc, que nous avons exposée dans le chapitre premier de notre ouvrage, et nous avions été heureux de la voir correspondre à une idée, que nous avions nous-même indiquée. Cependant cette opinion nous paraît entièrement neuve ; ni Domat, ni Pothier, ni les rédacteurs, ni la grande majorité des commentateurs du code ne l'ont indiquée ; qu'on ne nous dise pas qu'il y a dans leurs écrits une négligence de style, et que lorsqu'ils nous disent que la cause d'une obligation dans un contrat synallagmatique, est l'obligation de la partie cocontractante, ils entendaient que « la cause de l'obligation, *est l'idée qui l'a immédiatement précédée*, c'est-à-dire la considération de l'obligation de l'autre partie ». Ce serait là une affirmation purement gratuite. Je crois, du reste, qu'il y a une grande différence entre la cause de M. Colin et la cause com-

---

1. V. Colin, *Th. de doct.* soutenue devant la Fac. de droit de Paris, le 22 décembre 1896, p. 50, 53.

1. Colin, *op. cit.*, p. 54, 67, 68, 69.

munément admise. Dans le premier cas, la cause consisterait, en effet, comme notre auteur l'avoue lui-
même, dans un phénomène psychologique ; elle serait un
élément du consentement et disparaîtrait ainsi dans la
volonté de s'obliger (1). Dans le second au contraire,
la cause serait un élément propre et indépendant,
elle consisterait dans la contre-obligation, de sorte que
pour voir si la cause de l'une des obligations existe ou
non, on devrait examiner, non pas le consentement de
la partie qui s'oblige, mais l'ensemble de l'obligation
opposée.

1. V. Colin, *op. cit.*, p. 245 et suiv.

CHAPITRE IX

LA CAUSE EFFICIENTE

> « Le mot cause est des plus équivoques, et présente plusieurs acceptions diverses, d'où la confusion peut résulter ». Demolombe n° 344. **T. XXIV**

Les commentateurs les plus autorisés de notre code, se basant sur les art. 1131 et suiv. ainsi que sur les travaux qui précédèrent la rédaction de ces textes, crurent devoir exiger, comme condition essentielle à la vitalité de toute convention, l'existence d'une cause *finale*. Je crois avoir suffisamment démontré, jusqu'à présent, l'inanité rationnelle de cette doctrine. Dans toutes les discussions pourtant, que le développement de mes idées m'a obligé à aborder, je me suis restreint dans l'enceinte d'un domaine, que les partisans de l'o-pinon adverse se sont bien gardés de dépasser. S'ils voulaient, en effet, comparer en un coup d'œil rapide, leur théorie de la cause *finale*, avec celle que la philosophie nous enseigne, ils ne manqueraient pas de s'a-percevoir, que la définition qu'ils nous en donnent, n'a même pas l'avantage de correspondre avec celle des

philosophes. En se plaçant à ce dernier point de vue,
on devrait dire que la cause finale de tout effet, est déjà
l'effet même à l'état d'idée, « c'est le modèle ou plus
simplement la conception dans l'esprit ». Cette notion
abstraite, qui, comme dit Renan, est un problème qui
nous déborde et nous échappe, qui se résout en poè-
mes, devait certainement être concrétée par ceux qui,
comme les juristes modernes, avaient envie de faire
d'elle un application pratique; mais par bonheur ou
par malheur, la théorie de la cause finale, une fois
concrétée, a tellement changé de face, qu'elle ne ressemble plus à la doctrine qui lui a servi de point de
départ, que par le nombre des difficultés qu'elle a
fait surgir.

Si la théorie de la cause finale nous semble incompréhensible, et d'une parfaite inutilité, comme élément
essentiel à l'existence de toute *convention*, il nous pa-
rait en être tout autrement, en ce qui concerne la théorie de la cause efficiente des *obligations*.

La cause efficiente, nous disent les philosophes, c'est
le moyen qui sert à produire un phénomène.

Cette définition nous paraît être en parfaite concor-
dance avec celle qu'on doit donner pour la cause efficiente des *obligations*, ce qui prouve que les sciences
ne peuvent que s'accorder sur le terrain de l'inflexible
logique. Toute obligation doit donc, comme tout autre
phénomène, avoir une cause, un moyen qui serve à la
produire; demandons-nous donc quels sont les moyens

qui servent à produire les obligations, et nous trouverons leur cause efficiente.

Les moyens qui servent à produire les obligations, leurs causes, leurs sources, ont été divisés par les auteurs, en cinq classes bien distinctes ; ce sont : les contrats, les quasi-contrats, les délits, les quasi-délits et la loi. Si cette énumération peut paraître complète aujourd'hui, il en était tout autrement en droit romain. Sous cette deuxième législation, en effet, il y avait certains faits qui, ne rentrant pas dans la liste de ces cinq causes génératrices d'obligations, pouvaient pourtant en engendrer. Ainsi nous avons déjà vu, en étudiant les contrats innomés, que le commencement d'exécution d'une convention pouvait seul faire naître une obligation restée imparfaite aux yeux du droit civil. Cette exécution devenait aussi la cause efficiente de l'obligation. Larombière a donc tort de nous dire, en citant cette hypothèse, que le droit romain donnait quelquefois au mot cause, une acception toute particulière, inconnue dans notre droit.

La théorie de la cause efficiente est absolument en dehors du cadre de mon sujet ; je l'aurais donc complètement laissée de côté, si je ne croyais pas que c'est elle, qui a peut-être été la première raison, qui a amené les législateurs de 1804, ainsi que leurs devanciers, à parler de la cause finale. D'après notre manière de voir, la théorie des art. 1131 et 1133 reposerait ainsi sur une confusion. Avant de développer les considérations qui nous ont amenés à penser de la sorte, je ne crois pas inutile d'invoquer en faveur de mon système, en premier lieu l'opinion du professeur Ernst, qui écrivait il y a déjà plus d'un demi-siècle: « Les rédacteurs du Code civil nous semblent avoir confondu deux choses bien distinctes, la cause, dont par erreur ils ont fait une des conditions essentielles du contrat, et la cause de l'obligation. Si l'on entend par cette dernière expression les sources légales des engagements, il est très vrai qu'il ne peut exister d'obligation sans cause ; dans ce sens les conventions sont elles-mêmes une cause, et la cause la plus commune des obligations. » L'idée qui attribue à une confusion la naissance de la théorie de la cause, a été émise cinquante ans plus tard par M. Timbal dans sa remarquable thèse de doctorat. Nous ne nions certainement pas que cette opinion, ne doive avoir dans ce cas un caractère tout conjectural, car en somme, on ne peut former que des conjectures, lorsqu'on recherche les raisons qui ont poussé le législateur à poser telle ou telle autre règle incompréhensible en elle-même ; il ne faut pourtant pas oublier, qu'il n'y a qu'une bien mince distance du réel à la probabilité, lorsque les bases de cette dernière, ne sont que difficilement ébranlables.

Et tout d'abord, commençons par Pothier lui-même. En ouvrant, en effet, son *Traité sur les obligations* (1), nous rencontrons le paragraphe suivant : « Il est de l'essence

---

1. Pothier, *Tr. des Oblig.* 1re part. ch. I, no 2.

des obligations nous dit-il : 1° qu'il y ait *une cause* d'où naisse l'obligation ; 2° des personnes entre lesquelles elles se contracte ; 3° quelque chose qui en soit l'objet. Les causes des obligations sont, le contrat, le quasi-contrat, les délits, les quasi-délits, quelquefois la loi ou l'équité seule. » Certainement dans ce paragraphe-ci, le célèbre jurisconsulte d'Orléans, n'a eu en vue que la cause efficiente, quant à celle des art. 1131 et 1133 il n'y paraît même pas penser pour le moment. Cette même idée de la cause efficiente, revient tout d'abord à l'esprit, lorsque dans le numéro 42 du même traité, le même auteur nous dit, que tout engagement, doit avoir une cause honnête ; pourtant cette illusion disparaît immédiatement, dès qu'on aborde les explications que Pothier nous donne, en examinant en quoi peut bien consister la cause de l'engagement. On voit alors que c'est bien la finalité, qui, dans notre hypothèse, domine son esprit, et dont il veut parler. Nul doute que ce ne soit de la cause dans ce dernier sens, qu'un certain nombre parmi les auteurs du Code, ont voulu parler dans les art. 1131 et 1133 ; mais que dans l'esprit de tous les jurisconsultes d'alors, existât une ligne de démarcation bien tranchée, entre la théorie de la cause efficiente et celle de la cause finale, voilà certainement un point que personne n'oserait affirmer ; je n'insisterai pas, pour le démontrer, sur les travaux préparatoires, qui me paraissent n'offrir, dans ce cas, qu'une énigme singulière, dont je ne chercherai même

pas à devenir l'Œdipe ; mais ce qui prouve à mes
yeux la certitude de la confusion, entre la cause efficiente et la cause finale, c'est l'art. 1132 de notre Code
qui, parlant de la cause efficiente, a été intercalé entre
deux textes, qui, d'après l'opinion communément admise, ne s'occupent que de la finalité.

La convention, nous dit cet article, n'est pas moins
valable, quoique la cause n'en soit pas exprimée. Les
nombreuses difficultés que cette disposition a fait
naître, se rattachent à la théorie des preuves *des conven-*
tions, aussi je n'ai nullement l'intention de les aborder.
Ce que je crois devoir faire ici, c'est démontrer, et ce
ne sera pas difficile, que ce texte ne parle que de la
cause efficiente et non pas de la cause finale. En somme,
la question que l'art. 1132 s'est proposé de résoudre,
se ramène à ceci : Lorsqu'un billet constatant une
obligation n'indique pas la cause de son existence,
le possesseur du billet, est-il ou non tenu de la
prouver ?

Si les auteurs ne sont pas d'accord pour décider à
qui cette preuve doit incomber, ils me paraissent s'entendre absolument sur la position même de la question (1). Eh bien, une fois ce point résolu, tâchons de
démontrer quelles sont les causes qui nous amènent à

---

1. V. p. ex. Aubry et Rau, t. VIII § 749. Aussi Laurent t. XVI,
n° 166. Aussi Artur, p. 241, qui nous dit. « L'art. 1132, doit être lu
comme il suit : L'acte qui constate une obligation est valable quoique
la cause n'en soit pas exprimée.» V. aussi Aubry et Rau, t. XV, n° 345
notes 20-22 et les autorités qu'ils citent.

penser que la cause de l'existence d'une obligation, ne peut être que la cause efficiente, et non point la cause finale.

Et tout d'abord, si l'on disait avec un grand nombre d'auteurs, partisans de la théorie de la cause, que le cas prévu par l'art. 1132 de notre Code, ne peut se présenter que lorsqu'il s'agit d'une convention unilatérale, on serait porté à croire, qu'en effet, c'est bien uniquement de la théorie de la cause finale que notre texte nous parle. Ainsi supposons un prêt ; d'après l'opinion des auteurs causalistes, la cause finale de l'obligation de l'emprunteur, c'est la prestation de la *res*, et c'est justement cette prestation, que l'écrit devait indiquer, pour qu'il fût considéré comme un billet causé. Il n'y aurait pourtant là qu'une grande méprise; elle découlerait de ce qu'en indiquant la prestation de la *res*, l'écrit indique par là même le contrat de prêt, c'est-à-dire la cause efficiente de l'obligation de l'emprunteur; ainsi, lorsque je reconnais devoir à X... la somme de 1.000 fr. *qu'il m'a prêtée*, c'est comme si je disais : je reconnais devoir à X..., à *titre de prêt* la somme de 1.000 francs (1). Mais ce qui prouve, à ne

1. Cette manière de voir répond à un argument d'un autre genre, qu'on pourrait m'opposer pour soutenir que l'art. 1132 n'a eu en vue que la cause finale. Ce texte, me dira-t-on, a été rédigé pour rompre avec la doctrine qui imposait à l'époque du Bas-empire romain, la preuve de la numération des espèces, au prétendu créancier, même lorsque ce dernier était muni d'un *chirographum*, lorsque du moins cet écrit ne constatait pas la prestation de la *res* ; or, va-t-on ajouter, cette prestation est la cause finale du contrat et non point la cause

pas en douter, que l'art. 1132 n'a employé le mot cause, que dans le sens de cause efficiente, c'est le cas suivant : Supposons un contrat synallagmatique, une vente par exemple, dont l'une des obligations, celle de l'acheteur de payer le prix, soit à terme, et qu'elle soit en outre constatée par un billet rédigé de la façon suivante : Je reconnais devoir à X..., la somme de 1.000 francs ; eh bien, dans ce cas la cause efficiente de l'obligation du signataire, n'est autre chose que le contrat de vente lui-même, et c'est ce dernier que le billet devrait constater, si on voulait dire qu'il y a un écrit causé.

Et puis, lorsqu'on se demande qui doit prouver la cause d'une obligation, c'est évidemment à la cause efficiente et génératrice qu'on doit penser ; la question se ramènerait en un mot, à savoir qui doit prouver la source ayant fait naître cette obligation même, et non pas certainement, qui doit prouver la cause finale,

efficiente de l'obligation. Cette manière de voir, et nous ne saurions trop revenir sur ce point, nous paraît confondre la *res* et la cause finale : lorsque le défendeur oppose l'exception *non numeratæ pecuniæ*, c'était comme s'il disait au prétendu créancier : Le prêt est un contrat se formant *re*, en absence de cette *res*, le prêt n'a pas pu prendre naissance et l'écrit que vous m'opposez n'a aucune raison d'être. Prouvez-moi donc cette *res*, et une fois cette preuve faite, ayant prouvé par là même l'existence du contrat, c'est-à-dire la cause *efficiente de mon obligation*, je serai prêt à vous payer. Il ne faut pas dire que la *res* soit la cause finale du contrat, parce que sans elle, le contrat ne peut pas exister ; avec ce raisonnement, en effet, on devrait dire à propos du consentement, ou de la capacité des parties contractantes, que ce sont des causes finales, puisqu'il y a là deux conditions indispensables soit à l'existence, soit à la validité de la convention...

considérée comme un élément essentiel à l'existence de toute convention, car en somme on ne comprendrait pas alors, pourquoi on ne poserait pas la même question, pour la capacité ou le consentement des parties contractantes ? Du reste, toutes les fois que les législateurs de nos codes ont employé les expressions de causes d'engagement, de dette ou de créance, c'est évidemment dans le sens de cause efficiente qu'ils les ont employées, et non point dans le sens de la finalité. A l'appui de cet avis, je n'ai qu'à invoquer les art. 1223, 1345, du code Napoléon, et l'art. 573, du code de procédure civile. Je sais bien qu'on pourrait me répondre que mon argument d'analogie porte à faux, parce que l'art. 1132 lui-même n'emploie guère l'expression de « cause d'obligation ». Cette objection ne serait certainement pas à dédaigner, si ce texte était d'un côté rédigé avec toute la clarté nécessaire, et si de l'autre, on ne pouvait faire ressortir des travaux préparatoires, que c'est bien de la cause d'obligation qu'il a voulu nous parler (1). Du reste n'est-ce pas l'ex-

---

1. V. Dans Locré XII p. 325 les expressions suivantes de Bigot Preameneu à propos de l'art. 1132. « On ne peut pas présumer qu'une *obligation soit sans cause,* parce qu'elle n'y est pas exprimée. Ainsi lorsque par un billet, une personne déclare qu'elle doit, elle reconnaît par là même qu'il y a une cause légitime. » V. aussi les expressions de Favart. Locré XII p. 429. « Il ne faut pas confondre l'obligation qui n'a pas de cause, avec celle dont la cause n'est pas exprimée... » Du reste un grand nombre de tribunaux d'appel en développant leurs conclusions, à propos de l'art. 1132, n'hésitèrent point à employer les expressions de : *cause d'obligation.* V. p. ex. Trib. d'appel de Colmar Fenet, T. III, p. 477, aussi Trib. d'Appel de Rouen, Fenet, V, 486-7.

pression *de cause d'obligation*, que les auteurs les plus autorisés emploient sans hésitation de nos jours ? Et le code fédéral suisse des obligations du 14 juin 1881, n'est-ce pas cette dernière expression qu'il a employée, en nous disant que « la reconnaissance d'une dette est valable, encore que la *cause de l'obligation* ne soit pas exprimée » ? Mais je n'insisterai pas davantage sur le caractère de la cause de l'art. 1132 de notre Code, il me paraît, en effet évident, avec le professeur Ernst, que ce texte s'applique à la cause *productive de l'engagement*, et non à la cause du contrat, c'est-à-dire à la cause finale, telle que Pothier l'a définie dans son numéro 42 (1).

En examinant les différentes modifications qui doivent se produire dans les éléments d'une dette, pour

---

1. On a l'habitude de parler, en examinant l'art. 1132 de notre Code, de la promesse abstraite, du nouveau code civil de l'empire d'Allemagne. Je n'aurais pas manqué d'examiner la question, si je croyais qu'on pouvait la faire rentrer dans le cadre de mon sujet. La promesse abstraite n'est autre chose, en effet, qu'une promesse, n'indiquant pas le contrat qui lui a servi de base ; les conventions les plus diverses peuvent du reste revêtir cette forme. V. Saleilles, Théorie des Oblig. d'après le Code civ. allem. p. 275. Elle n'a d'autre effet, que de permettre à celui en faveur duquel elle a été faite, d'agir contre le promettant, sans être obligé d'invoquer aucune autre preuve en sa faveur. A ce genre de conventions allemandes, qu'on peut rapprocher de la stipulation romaine, il ne serait pas sans intérêt de comparer le contrat anglais qu'on appelle *deed* ou *specialty*. Le *deed* est un écrit scellé, qui sert à la fois comme mode de transfert de la propriété, et comme mode général de contracter. On pourrait peut être le rapprocher, du contrat *litteris* romain, car il peut obliger, comme tous les actes formels, sans aucune autre preuve. V. sur cette question, un art. de M. Esmein dans la nouvelle Revue historique, an. 1893, p. 557.

qu'il y ait novation, on se demande quelquefois (1), si
la novation peut avoir lieu par changement de cause.
Ainsi, par exemple, quelqu'un me doit un cheval à titre de dépositaire, et je consens à lui laisser cette même
bête, à titre de commodat, y-a-t-il dans ce *negotium
juris* deux conventions séparées et successives, ou tout
au contraire, une novation par changement de cause ?
L'intérêt de la question ne se présente qu'à raison de
l'art. 1278 de notre code, qui permet au créancier,
dans le cas de novation, de réserver les privilèges et
hypothèques de la première créance, pour celle qui lui
est substituée. Je ne fais qu'indiquer la question ; la
cause, en effet, dont on parle, et du changement de laquelle il s'agit, est non pas la cause finale, mais la
cause efficiente de l'obligation. S'il s'agissait, en effet,
de la cause finale, dans l'exemple que j'ai intention-
nellement choisi, il n'y aurait même pas changement
de cause, puisque, qu'il s'agisse de commodat ou de
dépôt, la cause finale, d'après l'opinion des auteurs
causalistes même, ne peut être qu'identiquement
pareille.

Avec la théorie de la cause des art. 1131 et 1133,
il faut se garder de confondre, ainsi que l'ont fait quelques auteurs (2), ce que les Anglais appellent la *considération* du contrat. La *considération* anglaise, en effet,

---

1. V. Mourlon. II. 1399. Demolombe XXVIII. No 285. Artur p. 250
et suiv. Timbal p. 389 et s.

2. Toullier VI. No 166. note.

ainsi qu'un auteur anglais, de Jenks, l'a constaté, n'a rien de commun, ni avec la cause romaine, ni avec la cause de notre droit. La distinction en droit anglais des actes pourvus et des actes dépourvus de *considé-ration*, se trouve correspondre, comme nous dit avec beaucoup de raison M. Esmein (1), à celle qui existe chez nous, entre les actes à titre onéreux, et les actes à titre gratuit.

Ainsi, les Anglais n'exigent point de *considération* pour les promesses gratuites, tandis que chez nous, la notion de la cause a été étendue, ainsi que nous l'avions remarqué, même jusqu'aux libéralités testamentaires.

1. Nouv. Revue hist. p. 564, an. 1893.

CHAPITRE X

CONCLUSION

S'il est vrai, comme disait M. Planiol, qu'on peut juger la théorie par ses effets, comme l'arbre par ses fruits, la théorie de la cause, telle du moins qu'elle se présente à nos yeux, telle qu'on l'enseigne ou qu'on l'applique, n'est bonne, pour employer une expression du professeur Ernst, qu'à être abandonnée, comme un principe reçu trop à la légère, et qu'il est impossible d'appliquer parce qu'il n'a pas de substance propre.

Qu'avons-nous trouvé, en effet, en examinant la notion de la cause ?

Et tout d'abord en ce qui concerne les contrats synallagmatiques, les exigences d'un raisonnement abstrait ou plutôt complètement insaisissable, qui, une fois accepté, nous amènerait à dire, ni plus ni moins, que la cause d'un effet et l'effet lui-même devraient prendre naissance à des moments mathématiquement identiques

En second lieu, et en ce qui concerne les mêmes contrats, d'un côté, certaines applications pratiques qui, paraissant être d'accord avec la notion de la cause, ne sont en somme que des conséquences nécessaires d'autres principes de notre droit; et de l'autre, des décisions jurisprudentielles qui, n'étant pas en état de supporter le moindre examen doctrinal, n'ont fait que confondre la cause et les motifs, en appliquant aux derniers les conséquences que nos lois voulurent n'attribuer qu'à la première.

Une confusion complète de la cause et de l'objet en ce qui concerne les contrats se formant *re*.

Et en quatrième lieu, quant aux libéralités, une notion tellement abstraite, qu'un auteur, pourtant causaliste, a pu dire, que la volonté de donner n'aurait ainsi d'autre cause, qu'elle même; et que la cause entendue de la sorte, ressemble fort à une cause qui n'existe pas (1).

Que nous reste-il donc de cette notion, n'ayant pour tout antécédent historique que des théories tronquées, logiquement tout à fait irrationnelle, et d'une parfaite inutilité pratique? A-t-elle au moins pour elle un côté séduisant, un attrait quelconque, si ce n'est celui de commencer par éblouir notre esprit, et de le dérouter, comme disait Artur, par l'annonce de résultats disproportionnés... On a voulu l'appliquer partout, résoudre la difficulté de l'indivisibilité par cette notion insaisissable, la présenter comme base de la condition résolutoire tacite, sans remarquer qu'en agissant ainsi, on arrivait forcément à voir dans l'obligation, un effet qui précéderait sa cause...

1. Planiol. *Revue critique. op. cit.*

Qu'on ne dise pas que les rédacteurs du Code, « ont été bien inspirés lorsqu'ils ont rangé la cause de l'obligation parmi les élements juridiques du contrat, qu'ils ont ainsi donné satisfaction à un besoin logique de notre esprit, et qu'en exigeant que la cause fût licite, ils ont destitué d'effets civils des pactes blâmables qui, sans cela auraient été efficaces (1). » Cette manière de parler démontre un oubli complet de l'existence des art. 6 et 1128 de notre Code.

Depuis la vieille législation Solonienne (2), toutes les institutions des peuples civilisés prohibèrent et déclarèrent de nul effet les conventions contraires aux lois concernant l'ordre public ou les bonnes mœurs. Est-ce à dire pourtant que la théorie des art. 1131 et 1133, ait été même soupçonnée ? Nullement. Le code de Norwège de 1687 et le code bavarois de 1756, le code civil du canton de Berne du 18 mars 1830, et d'autres cantons suisses, ne parlent guère de cette étrange no-

---

1. Gauly. *Revue critique.* 1887. p. 58.

2. La théorie des conventions, dans l'ancienne législation hellénique, peut offrir à nos yeux plus d'une disposition analogue au droit actuel; la règle *solus consensus obligat*, acceptée alors comme aujourd'hui, pourrait servir de point de départ à de très intéressantes comparaisons. La théorie de la cause, quoi qu'on en ait dit (Voir Beauchet Hist. du dr. privé de la républ. athén. T. IV p. 38) n'a pourtant pas même été soupçonnée. Cette absence de la cause ne veut pas dire, du reste, que les conventions illicites fussent valables, ainsi que le prouvent un grand nombre de passages de Platon, de Démosthène et d'Aristote, que nous nous contentons de signaler. (V. Arist. Rhet. 1. 15. § 24 Didot. — et Beauchet *op. cit.* p. 40. note 4. et 5. et p. 41 note 4. — Platon leges XI p. 920. Beauchet *op. cit.* p. 40. note. 6. — Démosthène contre Lacrit. § 13. V. Beauchet p. 30 et 81.

tion; il en est de même du code autrichien, du projet
de code civil belge, et du nouveau code civil de l'empire d'Allemagne. Est-ce donc à dire que ces législations sont sur ce point incomplètes, qu'elles favori-
sent,comme dirait M. Gauly,les conventions des honnê-
tes et les actes honteux ? Certainement non, et si les
jurisconsultes allemands, pour ne parler que d'eux, ont
laissé de côté, dans leur tout récent monument législa-
tif, la notion de la cause, parce qu'ils l'ont considérée
comme vague, inutile, abstraite et obscure, eux, qui
nous offrent pourtant dans leurs œuvres, des théories,
qui ne brillent certainement pas par la clarté, ne doit-
on pas s'attendre, à ce que le génie français, génie essentiellement amoureux de la clarté, comme disait
M. Timbal(1), se contentant difficilement de formules
mystiques, de notions vagues et indécises, se plaisant
aux raisonnements lumineux, et voulant des théories
aux contours nettement accusés, ne doit-on pas s'attendre, dis-je, à ce qu'il retranche la théorie de la cause,
de la plus célèbre œuvre législative de notre siècle ?
C'est là notre conclusion, c'est là d'après nous le sort,
que l'avenir réserve à la notion de la cause.

Je viens de terminer mon travail ; j'ai voulu malgré
le caractère de cet ouvrage, conserver l'indépendance
de mes réflexions ; je n'ai point hésité toutes les fois
qu'une difficulté se dressait devant moi, à la résoudre

1. Timbal *op. cit.* p. 315-6.

selon le sens qui me paraissait le meilleur ; suivant le
conseil d'un de mes maîtres, je n'ai accepté l'opinion
d'autrui, qu'après l'avoir pesée mûrement, et soumise
au criterium de la raison. (1) J'ai été amené par la discussion comme, disait M. Labbé, à contredire souvent
les auteurs dont les enseignements et les ouvrages ont
été la source du peu que je sais,... mais le dissentiment n'exclut ni l'admiration, ni le respect (2)...

1. Rapport de M. Perreau sur les concours de la Faculté de droit d'Aix·
1892-3. p. 101.

2. Labbé. *Dissertation sur les effets de la ratification des actes d'un
gérant d'affaires.*

Vu :
Le Président de la thèse,
LÉON MICHEL.

Vu :
Le Doyen,
GARSONNET.

VU ET PERMIS D'IMPRIMER :
Le Vice-Recteur de l'Académie de Paris,
GRÉARD.

TABLE DES MATIÈRES

CHAPITRE I

Notions préliminaires.

CHAPITRE II

Le droit romain et la théorie actuelle de la cause.

CHAPITRE III

La cause dans l'ancien droit français.

CHAPITRE IV

La théorie de la cause et les rédacteurs du Code.